Nine Lectures on DeFi

FINANCIAL INFRASTRUCTURE FOR METAVERSE

元宇宙
金融基础设施

DeFi九讲

廖宗湖 孙竹 ◎编

机械工业出版社
China Machine Press

图书在版编目（CIP）数据

元宇宙金融基础设施：DeFi九讲/廖宗湖，孙竹编. --北京：机械工业出版社，2022.6
ISBN 978-7-111-71238-1

I. ①元… II. ①廖… ②孙… III. ①区块链技术 IV. ①F713.361.3

中国版本图书馆CIP数据核字（2022）第127905号

元宇宙金融基础设施：DeFi九讲

出版发行：机械工业出版社（北京市西城区百万庄大街22号　邮政编码：100037）

责任编辑：王洪波　　　　　　　　　　　　责任校对：付方敏

印　　刷：北京铭成印刷有限公司　　　　　版　　次：2022年10月第1版第1次印刷

开　　本：170mm×230mm　1/16　　　　　印　　张：16.5

书　　号：ISBN 978-7-111-71238-1　　　　定　　价：79.00元

客服电话：（010）88361066　68326294

版权所有·侵权必究
封底无防伪标均为盗版

ABOUT THE EDITORS ≫ 编者简介

廖宗湖

中国石油大学（北京）区块链金融研究中心主任，教授，人工智能学院博士生导师。他取得美国俄克拉荷马大学硕士和博士学位，2015年入选中国石油大学（北京）拔尖人才计划，2021年入选"石大学者"，曾兼任清华大学遥感大数据研究中心执行副主任、清华致生联发物联网遥感大数据联合研究中心执行副主任。研究方向：区块链技术与数字资产、金融科技。

孙 竹

中国石油大学（北京）金融系主任，教授，金融专硕教育中心主任，硕士生导师。她取得中国人民大学经济学博士学位，美国塔尔萨大学柯林斯商学院访问学者。研究方向：能源金融、科技金融、金融科技。

序言 PREFACE

2017年年初，作为大学教师的我们在研究大数据时接触到了区块链。开始我们并不是以学术的状态去对待区块链，原因主要有两个：一是个人性格使然，认为与其纸上谈兵，不如"撸起袖子加油干"；二是自身学术研究相对滞后，跟不上"区块链一天人间一年"的快速演化。此后自然地，"韭菜们"遇到的坑我们大多都碰到过。

2019年10月24日，中共中央政治局就区块链技术发展现状和趋势进行第十八次集体学习。会上强调，区块链技术的集成应用在新的技术革新和产业变革中起着重要作用。我们要把区块链作为核心技术自主创新的重要突破口，明确主攻方向，加大投入力度，着力攻克一批关键核心技术，加快推动区块链技术和产业创新发展。㊀

㊀ 资料来源：http://www.gov.cn/xinwen/2019-10/25/content_5444957.htm。

自此，区块链技术正式被提升至国家战略层面。我们深深体会到，国家出台各种反对区块链投机的政策是相当及时的，这就是在保护人民群众的利益不受侵犯。我们这么多年遇到的这么多"坑"，不就是一笔一笔的真金白银交学费吗？的确需要所有人去重新认识和调整对区块链金融的认知和对人性的认识。

用二八定律来说，因为区块链金融处于蛮荒初期，缺乏监管，所以大概80%的区块链金融混杂着过度投机的风险和技术创新的不确定性。我们也逐渐体会到：在区块链横空出世之时，其实这80%就被设计在智能合约的经济机制里；这80%里就预设了无数的投机者、投资者、项目方、开发人员贡献出的时间、金钱、项目和智力，也正是这80%"化作春泥更护花"，它们支撑着剩下20%的区块链金融健康成长。那么，这剩下的20%，除了超高的Beta和Alpha收益还有什么呢？

在Bitcoin Maximalists眼中，这20%是共享区块链精神的极客信心；在ETH Hodler眼中，是构建Web 3.0的美好愿景；在黄仁勋眼中，是呼唤虚拟世界元宇宙的呐喊；在国家眼中，是数字人民币全球化的可能性。

然而，我们毕竟是大学老师，在我们眼中，区块链却是给学生们提供了职业新途径。正是因为国家给区块链指明了方向，我们也坚定地支持对此感兴趣的学生转行进入区块链。如今，他们有的在巴比特，有的在培训机构，还有的在一些数字基金里就业。我想他们就是国家区块链技术创新的重要生力军。实际上，也正是他们的迅速成长给了我们极大的正反馈，促使我们有责任去进一步引导学生和更多的人去了解区块链。

夫风生于地，起于青蘋之末。

时至今日，区块链金融已经不是某个人能说清楚的了。国家鼓励区块链的创新，那么让更多的人了解国内外币圈和链圈的动态，就是一件要紧的事情，也是我们作为老师最应该去做的事情。这里感谢巴比特长铗团队里的殷梦生等很多热爱区块链的伙伴，正是他们组织了这么多场高质量的讲座，才让我们能够第一时间跟随国际上以太坊一线的冲浪者和实战派，从而能够更加全面地了解和学习。我们希望能进一步甄选和整理他们的思想和实践，做些教书育人的事。

本书主要讲述了国际上区块链技术的新进展，也探索了一系列从理论到实践的金融应用场景，特别阐明了以太坊二层可能的解决方案、各个方案新近的特性，以及其对应的可以解决的商业问题，并进一步讨论和展望DeFi、NFT、GameFi等新金融模式是如何改变产业现状的。

如果你是技术方，通过本书可以了解区块链在演化过程中碰到的新瓶颈和解决方法；

如果你是项目方，通过本书可以找到区块链构筑数字世界（元宇宙）里属于你的那一块乐高拼图；

如果你是投资方，通过本书可以从中了解以太坊二层和金融秩序碰撞带来的投资机会和密码；

如果你是政策方，通过本书可以一窥让硅谷和华尔街为之疯狂的伟大创新和科技浪潮。

最后，感谢高靖泽、孟岩、何太极、陈昶吾、黄凌波、沈雍乐、孙明明、吴啸这些朋友的分享、信任和支持。他们是20%

里的佼佼者，感谢他们累积数万小时才有的真知灼见。感谢张林胜、徐嘉康、陈硕、周家屹同学对书稿文字的整理，感谢巴比特和Polylend社区的支持，我们才能列叙时人，录其所述。

廖宗湖，孙　竹

2021年12月17日

目录 CONTENTS

编者简介
序　　言

第1讲　DeFi：数字资产的第三次浪潮　　1

DeFi 在国际上的突然爆发与繁荣　　3
DeFi 与我国产业区块链的发展和未来　　9
DeFi 将成为元宇宙的金融公共基础设施　　16
DeFi 未来的七大机遇　　24
对当前的你，给几点建议　　28
互动问答　　31

第2讲　现实世界金融秩序的去中心化重构　　39

第三代区块链技术 DeFi　　41

　　　　DeFi 在金融上的七大基础应用　　　　　　　　　　45

　　　　DeFi 对市场及产业的影响　　　　　　　　　　　　61

　　　　风险提示　　　　　　　　　　　　　　　　　　　65

第3讲　以太坊二层热点　　　　　　　　　　　　　　　　67

　　　　以太坊 DeFi 会不会王者归来　　　　　　　　　　69

　　　　Layer2 对以太坊的长期影响　　　　　　　　　　73

　　　　竞争链 DeFi 的火热　　　　　　　　　　　　　　80

　　　　Uniswap V3：NFT+DeFi 正在擦出的火花　　　　83

　　　　Meme 概念的火热及其对市场的影响　　　　　　87

　　　　互动问答　　　　　　　　　　　　　　　　　　　90

第4讲　去中心化借贷平台　　　　　　　　　　　　　　101

　　　　DeFi 生态背景　　　　　　　　　　　　　　　　103

　　　　AAVE 基本情况　　　　　　　　　　　　　　　108

　　　　AAVE 借贷的协议框架　　　　　　　　　　　　111

　　　　神奇的闪电贷　　　　　　　　　　　　　　　　115

　　　　借贷里的清算　　　　　　　　　　　　　　　　122

　　　　AAVE 未来的发展方向　　　　　　　　　　　　124

第5讲　以太坊Layer2的竞争格局及趋势　　　　　　　127

　　　　以太坊扩容技术方案背景　　　　　　　　　　　129

　　　　2015～2016 年侧链方案　　　　　　　　　　　131

　　　　2017～2018 年状态通道　　　　　　　　　　　133

　　　　2018～2019 年 Plasma 方案　　　　　　　　　136

2020～2021 年卷叠　　　　　　　　　　　　　140

　　　二层方案的差异　　　　　　　　　　　　　　145

　　　新的进展以及未来的方向　　　　　　　　　　152

　　　互动问答　　　　　　　　　　　　　　　　　158

第6讲　投资人眼中的Layer2生态　　　　　　　　　163

　　　Layer2 简介　　　　　　　　　　　　　　　　165

　　　Layer2 生态情况：六种技术方案　　　　　　　166

　　　Layer2 的核心项目及衍生生态　　　　　　　　179

　　　互动问答　　　　　　　　　　　　　　　　　185

第7讲　DeFi真能变革传统金融吗　　　　　　　　　189

　　　传统金融机构与 DeFi 的映射　　　　　　　　 191

　　　传统金融的历史教训　　　　　　　　　　　　204

　　　结论　　　　　　　　　　　　　　　　　　　206

　　　互动问答　　　　　　　　　　　　　　　　　207

第8讲　产业区块链的坚守与行业未来之路　　　　　209

　　　产业区块链的背景介绍　　　　　　　　　　　211

　　　"区块链＋司法"实际案例分析　　　　　　　212

　　　"区块链＋金融"实际案例分析　　　　　　　218

　　　"区块链＋大数据"实际案例分析　　　　　　220

　　　"区块链＋农业"实际案例分析　　　　　　　221

　　　"区块链＋医疗"实际案例分析　　　　　　　223

　　　总结　　　　　　　　　　　　　　　　　　　225

互动问答	227

第9讲　元宇宙漫游指南：从区块链游戏思考元宇宙化　　231

元宇宙与区块链游戏	233
区块链游戏与社会化游戏性	238
元宇宙与NFT	243
未来的元宇宙	246
互动问答	247

CHAPTER 1
第 1 讲

DeFi：
数字资产的第三次浪潮

孟岩，Solv 协议创始人

DeFi

DeFi是当前圈内最热的话题，没有之一。很多朋友想知道，这个DeFi是个什么新现象？我对DeFi又有什么看法？需要声明的是，我也在学DeFi的过程当中，并不认为自己现在已经是DeFi的专家了，相反，我还要不断努力。与此同时，我的团队也在非常积极地参与各种DeFi的项目，学习DeFi内部的机器逻辑，尽管我们有一些收获和心得，但是对于这样一个如此新的话题，我们更愿意做的是，和大家一起分享和讨论。

接下来，我会首先简单介绍DeFi现在的基本情况，然后分析DeFi究竟是昙花一现，还是区块链上一个真正的Killer App。其次，我们来讨论一下国内现在倡导的产业区块链与DeFi这两条路线之间有什么关系。再次，需要分析一下DeFi真正的价值到底是什么，尤其是它的经济价值到底是什么。我想提醒的一点是，DeFi其实是一盘更大的"棋"当中的一个局部，真正重要的事情是去中心化的价值互联网。最后，我们会谈一些对DeFi趋势的看法以及建议。㊀

㊀ 本章根据孟岩2020年8月18日在巴比特的讲座编纂而成，文中的我指孟岩。——编者注

DeFi 在国际上的突然爆发与繁荣

现在的 DeFi 很热门。一周前，我在深圳出差时，CSDN㊀组织了一个线上会议。当时，我跟 CSDN 的创始人蒋涛及主持人三个人在一起，跟 Vitalik Buterin㊁（常被同行简称小 V 或 V 神）做了一个视频连线，聊了很多话题，其中重点就是以太坊 2.0 近期的情况。我特意问他："你是否认为 DeFi 就是以太坊的杀手级应用？"然而，小 V 并没有百分之百地做肯定回答，这说明了问题的答案并不简单。我想，就当前以太坊这样一个火爆的局面，他应该会对这个问题做过深入的思考。

DeFi 的突然爆发的确是一个现象级的事情。实际上，最早在 2018 年，DeFi 这个词就已经出现了。到 2019 年 8 月，当时 DeFi 的市值在 2 亿到 4 亿美元之间波动，虽然那个时候也有很多的关注，但是直到 2020 年 3 月，DeFi 的市值才缓慢地增长到了 10 亿

㊀ 中国软件开发者网（Chinese Software Developer Network，CSDN），提供网络论坛、博客托管、IT 新闻和其他服务。CSDN 拥有约 1 000 万个注册用户，是中国最大的开发者社区。

㊁ 1994 年 1 月 31 日出生，俄罗斯裔加拿大程序员和作家，以太坊的联合创始人之一。他在早期就进入了加密货币领域，并于 2011 年参与创立了比特币杂志。2014 年，他与 Gavin Wood 共同推出了以太坊。

美元左右，最高时甚至达到 12 亿美元，但随后就发生了"312 黑色星期四"。大家可能听说过，那一天 DeFi 的锁仓市值（Total Value Locked，TVL）从 10 亿多美元猛然下跌到 4 亿多美元，跌幅超过 50%，整个市场都受到了很大的打击。其实，我关注 DeFi 就是从那个时候开始的，后来 DeFi 大概用了两个月的时间，又重新回到了市值 10 亿美元。到了当年 8 月初，Compound⊖ 突然发布了一个重要的项目，就是 COMP 治理币。在我看来，这个项目就是将我一直倡导的通证经济与 DeFi 做了一个结合，而且这一结合在后来爆发出来的威力更是始料未及。

图 1-1 是我从 DeFi pools⊜ 上截下来的增长趋势图。我们可以看到，在 2020 年 6 月份之后 DeFi 锁仓市值就呈现了一个直线上升的趋势，即从开始到现在已经从 10 亿美元左右的市值直线上升到 63 亿 5 000 万美元。也就是说，大概在两个月不到的时间里，DeFi 的锁仓市值增长到原来的 6 倍！这个数字说明了我们正在经历着一个指数级的增长。

除了 DeFi 的突然爆发之外，我们还可以关注 DeFi 的哪些现象呢？事实上，在一年前我受邀参加了一些 DeFi 的研讨会，并从那个时候就持续关注 DeFi 这个板块。记得当时我截了一张 The Block 机构做的 DeFi 图（如图 1-2 所示）。

⊖ Compound 是为开发人员构建的一种算法性、自主利率协议，用于解锁一系列开放式金融应用程序。Compound 是基于以太坊的可公开访问的智能合约系统，致力于通过将其加密资产锁定在协议中来允许借款人取得贷款，而贷方提供贷款。借方和贷方支付和接收的利率由每种加密资产的供求决定。开采每个区块都会产生利率，可以随时偿还贷款并可以提取锁定的资产。

⊜ 在 DeFi 中，流动性池是锁定在智能合约中的代币池，可促使有效的资产交易，同时允许投资者从其持有的资产中获得回报。

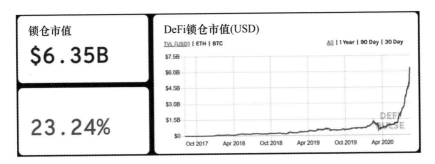

图 1-1 DeFi 的增长趋势

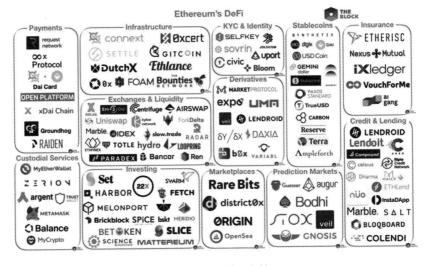

图 1-2 一年前花样百出的 DeFi

可以看到,一年前的 DeFi 里面有很多名字现在还在,如 Compound 等,但也有很多名字已经认不出来了。的确,到目前为止,这一年间可以说是"生得勤快,死得干脆",大量的项目迅速出现,同时更多的项目也的确昙花一现。

直到今年大概 7 月初的时候,我注意到一张给 DeFi 定义的图(见图 1-3)。图 1-3 中的这些项目比图 1-2 中的显然少了一些。实际上，这也显示出 DeFi 的整个行业生态处在一个迅速爆发、生机勃勃的状态，但是其中的参与者也经历着迅速淘汰并快速死亡的过程。

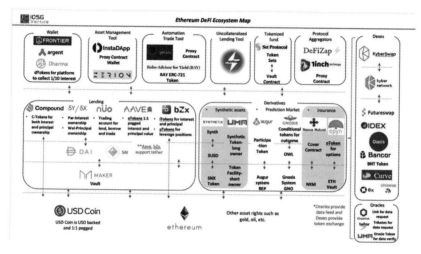

图 1-3　2020 年的 DeFi

如果有朋友研究过技术发展史就会明白，这样的现象说明了这个行业正处在它的机会窗口期（这个阶段有 3～5 年，是一个行业非常重要的进步期）。对于 DeFi，大家可以回想一下当年的互联网，当年的区块链公链，它们也都有这样一个为时不长的机会窗口期。在这个窗口期，只要你进去了，就有大概率可以活下来，并且获得成功。我们判断，DeFi 现在正处在这样一个窗口期内，所以如果大家对于 DeFi 的创业感兴趣，那就赶快动手。

DeFi 处在机会窗口期的另外一个佐证，就是昨天我们从 DeFi Market 网站上面截到如下的一张图（见图 1-4），它显示 DeFi 总市值达到了 316 亿美元。

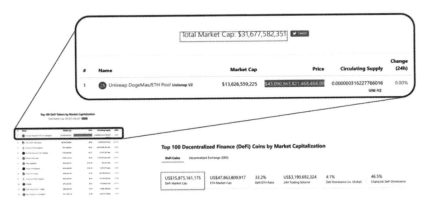

图 1-4 DeFi Market 网站截图

实际上，当时在其他网站，不管是在 CoinMarketCap 上，还是在 CoinGecko 上，你看到的统计市值都远远低于这个数字，那是什么原因呢？这是因为昨天出了个乌龙事件。在 Uniswap[⊖] 上的一个池子里面有一个并行的 Dogemax，在统计过程中出现了一个计算上的错误，从而导致它的总流通量只有 0.000 000 316，但是价格却高达 43 090 万亿美元。这个数值远远超过现在的全球 GDP，也就是它单枚的价格。所以当时在这个统计网站上，这一家小小的币就占用了 136 亿美元的市值。同时 CoinGecko 统计出来的 DeFi 总市值是 158 亿美元。两个著名的专门做 DeFi 统计的网站，对于 DeFi 的市值追踪却出现了巨大的差异。当然现在我们都知道是 DeFi Market 错了，后来我也查了一下，这其实就是一个简单的统计问题。由此可以看到，DeFi 行业的配套工具和整个环境其实处在一个非常糟糕的状态。

⊖ Uniswap 是基于以太坊区块链构建的去中心化交易协议，可提供 ERC-20 代币的非托管交易。它的第一个版本（Uniswap v1）自 2018 年 11 月开始运行，第二个版本（Uniswap v2）于 2020 年 5 月正式发布。在 Uniswap 中，用户可以交换代币，将代币添加到池中以赚取费用或添加代币交易对，而无须信任任何中央中介。

不过于我而言，对这个状态与其说是一种抱怨，倒不如说是一种恭维。因为我觉得就是在这样一个混乱的局面，才是大家进入的一个好时机。只是我们现在还不能判断这是不是牛市，但是最起码这个状态已经持续了一段时间了，有了牛市初期的迹象。

大家再看图1-5，这显示了一些不为人知的小币，竟然涨幅高达4 415%、2 624%，这是非常惊人的。

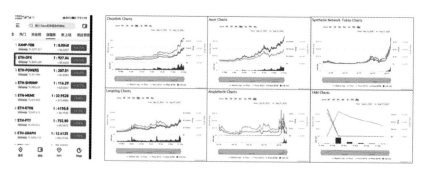

图1-5　一些小币的增长情况

确实，现在的我们正处在史上第一次DeFi的繁荣时期，我觉得DeFi确实就处在这样一个状态当中。很多人关心DeFi会不会有未来，有没有泡沫。实际上，我认为在这个时候去判断有无泡沫非常容易，但这个问题本身就有误区。这就好像10年前在北京的房地产市场，在中国的房地产市场，在2015年的比特币市场，在2017年年终的ICO市场，我都看到过很多人在做所谓的有无泡沫的猜测。实际上我可以很肯定地说，泡沫肯定有，但是谁能够知道有多少呢？问这样的问题又有什么意义呢？就像前面我提到小V对DeFi的态度，我也认为DeFi的背后，是有一个真实的逻辑的，这个逻辑我后面再给大家介绍。我只是想说，在这样的情况下，你与其冷眼旁观，说里面一定有泡沫，发一些一定正确的言论，倒不如切实考虑一下，自己在里面能够扮演什么角色。这就是我的看法。

还要特别提醒大家注意一个问题，其实我一直在很多场合讲过这件事。今年2月份，美国证监会有一个叫海斯·佩尔斯的委员，他提出了"通证避风港"这样一个建议。在我看来，这个建议是一个"招安令"，实际上是想让更多真正去中心化的项目能够在美国体系之下重新开启，并重新用通证融资。这个招安令的一些具体规则也是特别适合 DeFi 的。因此，当我们在谈 DeFi 发展的时候，一定要关注一个问题，就是 DeFi 有没有可能被美国的法律和美国的证监会"收编"。那么这件事情对于想在 DeFi 里面创业或者对于想在 DeFi 里面有所作为的人来说，就是一件非常重要的事情。

客观地说，我是研究通证经济的，也看到最近的一些 DeFi 项目做的是通证经济，比如说流行的治理币。我判断这些创始人在做通证经济设计的时候，实际上已经考虑了美国证监会的这个通证避风港建议，并针对这个建议对他们项目的通证经济建立了一些模型并做了调整。但是整体来讲，DeFi 目前就处在这样一个非常繁荣的状态，具体的情况，大家可以在很多地方看到。如果你愿意追踪的话，也有很多途径，我就不详细说了。我认为，它的市值的增长、品类的增加以及监管的一些变化，都是值得关注的。

DeFi 与我国产业区块链的发展和未来

如前所述，DeFi 从国际上看处在一个繁荣期，但在中国还处在萌芽阶段。因为我国当前重点放在产业区块链，而产业区块链跟 DeFi 好像是两条不同的路径。所以在这里我先简单地介绍一下产业区块链的概念、理论以及它和 DeFi 之间是什么样的关系，它们之间究竟是不是完全对立的关系。

我们知道，2019 年 10 月 24 日中共中央政治局就区块链技术发展现状和趋势进行第十八次集体学习。会上强调，区块链技术的集成应用在新的技术革新和产业变革中起着重要作用。这次学习实际上提出了中国区块链发展的一个战略方向。我们把这次会上的主要内容整理出来（见图 1-6）。将区块链作为核心技术自主创新的重要突破口，这种战略方向当时很多人叫"区块链+"，现在更多地称其为产业区块链。

产业区块链发展的一个重要规范，可能来自今年我国央行下发的《区块链技术金融应用评估规则》（以下简称《评估规则》）。当然大家现在已经知道，区块链不仅仅可以与金融结合，但在中国，区块链的金融应用是一条底线，你不能突破这条底线。

央行的《评估规则》，就是对金融类应用，也就是对在中国的产业区块链应用做了一个很清晰的底线规定，大家可以去读一下。它定义了区块链是由多方共同维护的、使用密码学保证传输和访问安全、能够实现数据的一致性、防篡改、防抵赖的技术。这是什么意思呢？就是说，区块链在国内是一个数据管理技术，它是用于管理数据的，那么就不能轻易地去碰金融，更不能去碰币。

这个时候我们就会问，怎么来实现区块链对产业的支持呢？我曾经一直跟大家说，在区块链的应用中，如果没有价值储存载体，不管叫币也好，叫通证也好，它的业务逻辑是很难形成闭环的。

第1讲 DeFi：数字资产的第三次浪潮 11

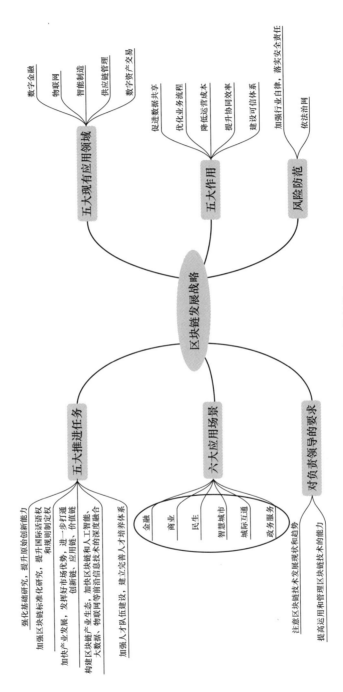

图1-6 中国的区块链战略

那么我们国家的有关专家难道认识不到这一点吗？他们当然认识到了。他们又是如何来解决的呢？我看到的情况是，他们希望区块链用来管理数据，而把基于其上的价值流转任务交给政府去主持。

最近关于央行数字货币的消息越来越多，并且很快就要在28个省市县落地，也包括我们的三个经济发达地区：京津冀、长三角和珠三角。在我国国内，实际上已经形成这么一个局面，就是典型的区块链应用首先要构造一条"链"，然后用这条链构建一个数据管理机制。当它要去经营，或者要去清算的时候，将主要使用未来几年我们将广泛使用的数字人民币，而不可以用区块链上原生的某个代币。这就是我国目前在产业区块链应用当中的一个指导方针，也可以说是一条主线。

下面简单介绍一下我们国内目前做区块链的一个基本思路，在此用供应链金融的例子（见图1-7）加以说明。

假设现在做一条供应链金融的方案，你要把仓库里一堆的钢材变成数字仓单，然后把这个数字仓单放到区块链上，由这个区块链来组织它的验证和流转。那么，它实际上是通过一个叫作多方交叉验证的机制（见图1-8）来完成的。

如果你是借款人，手上有仓储协议和仓储货物保险，那么你就要凭借这两个文件在区块链上去产生一个区块，然后在里面放进一个Token，这个Token就代表你能够确认的仓单。这个时候，你的这个整个区块链上就会有很多的验证节点。比如说有人负责物流和仓储，有人负责质检，有人负责金融，他们就会共同去检查你这个仓单的真实性。此时，不仅会检查你仓单内部涵盖的内容，也会去看他们自己掌握的其他信息。比如，会看你的仓库里是不是有这样一堆货物，其质量是不是跟仓单描述一致，是不是

第1讲　DeFi：数字资产的第三次浪潮　13

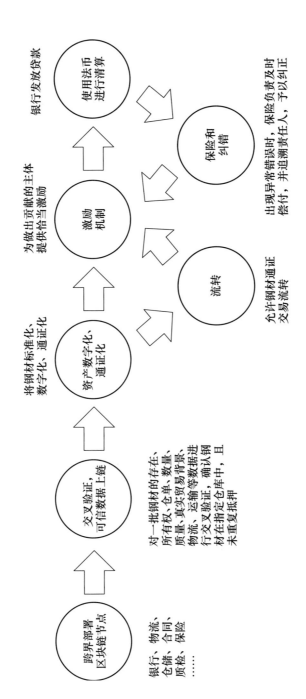

图1-7　典型的产业区块链应用——供应链金融举例

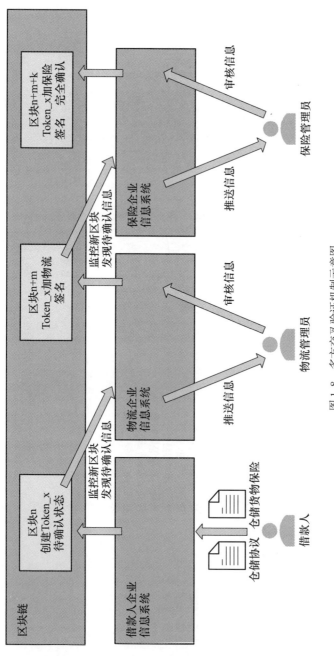

图 1-8 多方交叉验证机制示意图

属于发起人。各个方面的人都做这样一个验证之后再签名确认,这个东西就升级为一个正式的数字仓单。仓单升级完之后,再流转的时候还需要有其他人员,比如说管理员、金融部门的人,来确认这个仓单的所有权符合流转的要求才能够进行流转。这个过程我们不展开讲。

大家看到,在国内的区块链应用中,首先把区块链当成一个信息管理、数据管理的工具,主要是追求区块链多方维护及一致性防篡改、防抵赖这些特点,然后把这样一个关于你有一个仓单的声明,通过多方交叉验证的机制最终升级为一个区块链的数字资产,即一个通证就是一个仓单,最后利用区块链的特点去流转。这个过程究竟是为了什么呢?其实,是为了获得贷款。但贷款的钱在国内不能放在链上,要在另外的金融机构,即在我们央行数字货币的系统里面,更不可以直接在链上做一个区块,设计一个授权的数字货币,因为在国内是不允许这样做的。

实际上,在国外不怎么仔细考虑如何构造一个区块链去管理数据,对数据管理这块也不太重视。他们下一步可以做的,就是把仓单、类似的数字资产、证券放在链上,然后去流转,去把金融的业务先做起来。

这种情况下,我个人认为,行业必然会出现一种合流的状态。我们国家按照类似武汉的这个路线,首先通过产业区块链,通过可信验证和可信存储产生可信数据,然后把这个可信数据转化为数字资产,再把数字资产通证化增加流通性,那么这样之后可以进入传统金融服务。但是,如果将来全球的这套 DeFi 去中心化的金融基础设施非常成熟呢?到那时,我们国家这些数字资产也必将会进入全球的 DeFi 基础设施当中。

因此，我的看法是，产业区块链和开放金融这两条路径无论在国内还是在国外最终会殊途同归。大家不用觉得 DeFi 是人家的事情，跟我们自己没有关系，只要做好我们的产业区块链就行，事实并不是这样。如果我们的产业区块链致力于通过把数据管理好，然后生产出好的数据资产，那么将来我们有资产，他们有资金，我们有通证，他们有市场，我们可以相互协作。而且大家知道，整个区块链数字经济或者数字金融是全球化的。因此，第一，我们要理解中国的产业区块链这个路线，要积极去实践，第二，我们也要知道，DeFi 不是跟我们没有关系，而是跟我们关系很密切，我们需要把两者结合起来。

DeFi 将成为元宇宙的金融公共基础设施

现在谈一下我对于 DeFi 的一些比较深入的理解。为什么说 DeFi 是一种真实价值？我判断，就算暂时有泡沫它还是能够发展起来的。那么为什么我相信它会有一个非常美好的明天？平时我们可以在很多媒体上看到各种各样关于这个事情的讨论。那么 DeFi 背后的一些经济学价值究竟有什么？

我认为，DeFi 将成为全球金融公共基础设施。什么意思呢？我们想一想，现在有没有全球金融公共基础设施？其实是没有的。目前的金融公共基础设施是非全球性的，中国有中国自己的基础设施，美国有美国自己的基础设施。如果当前想要从事金融活动，就会发现，国内和国外具有一定差异性，并不能够完全互通，而 DeFi 世界里是没有国界限制的，它可以成为全球的金融工具。

如果今天要开办一家银行或者一家互联网电商，你要怎么做？是不是先注册一家公司，申请成立法人实体，然后最重要的一点，要去金融监管部门申请有关的牌照，对不对？接着是不是要去融资，要去做市场获取客户，然后开展业务？但是如果在 DeFi 这个全球金融公共基础设施上，它的开放达到了什么样的程度呢？只要你有一个想法，并有这个技术能力，就可以直接用编写代码、部署代码的方式创建你所希望创建的任何一种金融服务。也就是说，你在 DeFi 的世界里开办一家金融公司或者创造一个金融服务的流程，只要将上述我描述的那么一大串的传统过程转变为写代码部署就 OK 了。我认为这件事情是极其了不起的，先不说那些别的东西，仅就创建金融公共基础设施在参与过程中的开放度而言，它已经是人类金融史上一件惊天地的大事了。

所以，面对这样一个金融公共基础设施，我们要去思考，它究竟给我们带来了什么样的经济优势或利益。在这里我列出了六个深层的领域（大家平时在杂志或者文章里面不一定能够经常看到），由于篇幅所限，我后面就重点讲前四个。

第一，重新定义互联网账户体系。大家有没有想过，DeFi 首先重新定义了什么叫互联网账户。第二，重新定义企业财务报表。第三，重新构造资产生命周期。第四，重新构造资本市场。第五，重构金融展业过程。大家可能没听说过金融展业这个词，如果你是金融行业的人应该听说过。展业就是金融机构展开自己业务的这个过程。第六，重新进行监管。

重新定义互联网账户体系

请问大家之前有没有玩过 DeFi？有没有装上一个"小狐狸钱

包"，然后在各个 DeFi 品牌项目当中去穿梭使用？如果没有的话，我强烈建议你立刻装上那个钱包，它很棒，在各种各样的系统当中非常好用。那么等你玩一玩后，最大的感受将是什么？告诉你，我最大的感受是那种开放的自由。

之前我想使用一个金融服务，比如银行、证券公司、保险等，做的第一件事情就是开户：提交身份证，填表，然后接受对方的一系列的核查，即所谓的 KYC[⊖]。我前不久去一家股份银行开户的体验让我感觉非常不好。关键是，这种体验不仅是在线下的，在互联网上也是一样的。无论你在微信还是在支付宝，都要到对应的网站上去注册独立的 ID，然后设置密码并保存好，同样，你要填表，一大堆数据都要给到网站。不知不觉中，你创建账户的过程中，就把你最重要的一个资产——身份信息交给了这些网站。这就是我们现在面对的中心化商务体系，比如互联网金融体系。正因为中心化机构手上有你的账户数据，有你的工作数据，它们成为主导，而你自己变成次要的角色。

如果在 DeFi 世界里，你会立刻意识到一个非常不一样的变化。你如果在 DeFi 里面安装一个钱包（我推荐 MetaMask 钱包），就会发现所有的这些金融基础设施都对它全面开放，而不用你再一家一家注册。正是因为你注册了这个 MetaMask 钱包，之后每一个金融机构不会再废话问你是谁再让你注册，搜罗你一大堆信息，它们都会免费向你开放。

这种感觉，我举一个不太恰当的例子，就好像是你坐在办公室里，然后来自全球各大银行、各大保险公司的业务经理拿着毛

⊖ KYC，Know Your Customer 的简称，常指对账户持有人的强化审查。

巾、端着水杯等你发出指令，你想干什么，他们马上就来帮你做，而且他们彼此之间没有任何隔阂。你说，张三、李四你们两个人合作一下给王五做某事，然后把结果给赵六。这些在DeFi世界里，完全没问题。但以上所有的这些事情在传统世界中是不可能的，你自己要跑断腿。在DeFi世界里，你就是主人，钱包相当于你的自主权身份。

所以，互联网的账户体系，由于DeFi的出现，区块链的出现，被彻底重新改造。在互联网上，主次关系整个发生了颠倒，我们用户变成了主，所有的这些服务者变成了次。

重新定义企业财务报表

在中国移动公司的一次交流会议上，我问了他们领导一个问题：区块链在中国，你认为将来最重要的变化是什么？他就说了一句话，我不禁举大拇指。为什么呢？他说，将来企业的资产负债表和所有的财务报表，不用再通过审计去查，而可以直接在区块链上得到。我非常认同，这是区块链的一个非常重要的应用方向和价值。

我们知道，现在一般的企业准备接受审计的时候需要四张表，即资产负债表、现金流量表、利润表和所有者权益变动表。对于中小企业，最后那个表可以没有，只要前三张表就可以，所以大家可能之前就听到过这三张表。现在我们想了解一个企业的经营状况，一定需要去了解它的这三张表。但是把这三张表做出来，包括确认里面的数据真实性与否，这个过程很痛苦也很复杂，因为企业可以通过大量的各种各样方法给外界构造一个虚假的形象。

但是有了区块链就不一样。我们要让企业把自己的这些业务和交易登记在区块链上，然后直接从区块链上生成这三四张表，这样我们对于企业的所有经营状态就会了解得一清二楚。很多朋友说，如果企业不接受你这样的要求，怎么办？我告诉大家，真正的变革不是怎么去说服旧体制里面的人和机构，而是去创造一个新的舞台，愿意按照这个新规则做的人和机构在那个新舞台上演出，而我们现在看到的 DeFi 就是这样。

很早之前我就说过，我认为区块链最重要的价值有可能是使未来企业的三个表透明。很多做金融的高管也很认同，但觉得实现起来会很漫长。其实我觉得或许并不漫长，因为现在所有的 DeFi 服务，无论是三张表，还是四张表，全在区块链上。如果愿意的话，在这个区块链上，在以太坊上找到每一个这种 DeFi，不管是 Compound 还是 Uniswap，还是所有的财务报表，你对企业的估值、对企业真实的运营状况可以有一个实时的了解，而且它无法作假。

大家可能不理解，但这将是人类企业发展史和金融历史上了不起的伟大创新。之所以人类有今天这样一个现代经济，我想是因为建立了银行税收和企业财务报表、汇报制度这样一个三位一体的体系，包括用户账户。这么几个体系配合起来对未来的影响将不得了。

重新构造资产生命周期

什么叫资产？传统上，对于企业也好，个人也好，从严格意义上来讲，资产就是可以产生现金流动、可以变现、可以变成有经济价值的东西。但是我们知道，当今的经济中，企业或是个人把资产抵押给银行或金融机构,以自己的资产为基础去置换流动性。这里说的流动性是指货币、信用这样的东西,它能够很容易在市场上流通。流动性的供应是由中央银行和商业银行控制的,企业是不能够自己创造流动性的,自己创造货币更是不可行的。但企业可以创造资产,到银行那里要求兑换流动性。

现在的问题是什么呢?什么是合格资产?什么是优质资产?这些不是企业说了算而是由银行说了算。已经在管流动性了,还要去做资产评定,这是不合理的。评定资产好还是不好应该是有统一规则的,所以我把资产划分成三类,并用一个金字塔形状来展示(见图1-9)。

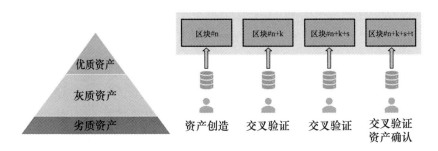

图1-9 资产金字塔的划分

在这个金字塔当中,塔尖是优质资产,比如国企的贷款,或是像北京、上海这样的城市居民住房抵押贷款等资产,你相信它无论怎样一定是可以得到偿付的。现在的传统银行,都会依据这个资产给你提供金融服务,不需要区块链技术来做。对于劣质资产也好识别,譬如说不能兑现的借款。现在最麻烦的是什么呢?就是二者中间的大部分灰质资产。比如说,一个企业,想把拥有的玉石抵押出去,可是银行不知道玉石真假,也不知道它属于优质资产还是劣质资产。这种情况下,企业明明有资产,但是却无法获得贷款，这可能就是今天的中小企业融资难、融资贵问题的核心所在。

那么怎么解决这个问题？在原来的情况下是没办法的。如果要依赖银行解决问题，那可能很难，因为它们永远都知道优质资产的交易制度。那么怎么办？必须要自己重视问题。如果企业根据规则，依靠区块链这样一套 DeFi 的交叉验证，可以证明自己的灰质资产是优质资产，这就是解决办法。有了这个 DeFi，将两个资产重新定义，就是一个非常伟大的创新。

此外，还有很重要的一点就是创新的市场。大家可以稍微思考一下，DeFi 如果全面推广，资本市场会变成什么样子呢？

第一，是间接金融的全面转向。因为如果我自己能够获得资产，为什么还需要银行来给我放贷款呢？我可以直接面向广大的投资人，他们可以直接去购买或者给我提供贷款，对不对？第二，所有的资产都可以通用。为什么要把资产通证化？因为资产通证化以后，它就变成一种标准的、流动性非常好的数字对象。在这样的情况下，大家融资的流动性和便捷性会变得非常强，所以一切资产都可以通证化。当然，在目前传统的金融世界当中，我们想把资产变成证券并不是一个很容易的过程。

重新打造资本市场

大家知道，现实世界的金融市场、资本市场中很多的资产不可以在二级市场流转。如果在 DeFi 世界的场景下，资产评估主要基于链上数据，三张表，包括资产是怎样产生的，以及将来会是什么情况等，也完全可以在链上进行评估。而且全球统一进程、统一市场，资产自由进出，各种金融工具可以进入MakerDAO，然后从那里转一圈出来去Compound，然后再去Uniswap交换等。这种自由程度和开放程度，是非常令人憧憬的，所以大家会看到，DeFi世界能够给我们提供非常令人振奋的美好未来。

但是我想说，DeFi仍然是一个更大棋局当中的一小片，或者是一个更大拼图中的一小块。为什么呢？DeFi在发展，存储层的Filecoin在发展，在技术层我们看到了以太坊的发展，包括Cardano这样的项目也在发展，还有在互联层的Cosmos，区块链的平行面本身也是作为互联层的一种协议，DeFi属于价值层面。在这个基础之上，我们可以支撑一个全新的互联网。在这个互联网里，我们现在熟悉的，不管是谷歌还是脸书、抖音、YouTube、亚马逊，全部都可以在这个新的互联网重构一次，因此我们把这个叫作价值互联网。

价值互联网跟传统互联网有什么差别呢？假设我们在未来的价值互联网上做一个YouTube或是抖音，一个博主的粉丝可以随时给他打赏，给他刷各种各样的礼物，这都没有任何问题。但是更重要的是，每一个这样的博主实际上在DeFi的支持之下都可以变成一家小企业，事实上从开播的第1天开始，他就可以进行融资，发行自己的证券，做类似股票那样的Token。当然这需要监管和法律的认可，我相信类似的法律迟早会来引导。那么想想看，任何一个人，都可以马上去融资跟进，可以去发行自己的证券，那么他就可以以很低的门槛得到金融的服务。金融是现代经济的核心，有新的金融，就可以支持新的产业，新的生态，就可以形成新的行业，也最终会产生新的经济。这样的新经济，就像我们30年前想象的今天的互联网经济一样，还记得在那个时候我们认为互联网经济是不可思议的吗。但是从现在开始,如果我们认真做好 DeFi,做好区块链的话,20 年后我们会看到非常伟大、非常了不起的一个全新的经济、全新的数字金融!

DeFi 未来的七大机遇

最后,我对 DeFi 未来的机遇和建议做一些分析。有人说,DeFi 的泡沫即将崩溃。我不否认,DeFi 里面有巨大的泡沫,并且在短期内它可能出现比较大的回调。但是我想,如果刚才大家看懂我上面说的一些观点,应该明白,DeFi 在金融这件事情上,不会跟原来的 ICO 一样。当时 ICO 配套手段不齐全,因此有了很大的问题,就是说,ICO 不完善的背后的确给了不法之人在上面搞欺诈的机会。而 DeFi 的整个运作模式是,先把产品拿出来,把服务转起来之后,大家再根据它的实际数据来选择,对它进行评价。因此我认为 DeFi 本身有真实价值,而且它相对于以前的这些区块链上的应用来讲,更便于去监管和评估。我个人认为,即便 DeFi 有可能会出现回调,它现在也仍然只是处于 DeFi 整个大时代潮流的一个很早的阶段。

我们认为,DeFi 未来有七大机遇:基础设施、数字资产、基础协议、通证经济、用户体验、投资理财、教育培训。鉴于篇幅所限,我们着重介绍前三个机遇。

第一,基础设施。现在的 DeFi 有一个说法叫作"DeFi 无 DeFi",就是说所有的服务全在 DeFi 上,那么这会不会是定数呢?就到此结束了吗?我在给小 V 打电话的时候,说希望他尽快解决以太坊的信用问题和交易手续费昂贵的问题,如果能够很快地解决好,

DeFi 基础设施战就结束了，以太坊就会胜出。如果老是解决不了这些问题，以太坊就有可能会让 EOS、让 Libra 后来居上。

我跟大家讲，Libra 不可小觑，因为 Libra 最近的发展也是非常猛的，它每天代码提交次数达两三百次，其实是在闷声快马加鞭地往前跑。搞不好它在某个时候突然推出一个政策，测试版就可以上线了。如果 Libra 突然推出了正式版，它的确可以把几亿人带进来，那样的话其实会造成冲击的。不过这对我们做 DeFi 的人来说，是好事。如果今天有人说他是做 DeFi 基础设施工作的，可不可以做一下，挑战这个，那我个人认为，机会不是很大，但也不能说完全没有机会。我觉得这个基础设施是仍有变数的。

第二，数字资产。我最擅长、研究最多的就是数字资产。在我看来，今天所有这些 DeFi 的项目，都在做 DeFi 的协议，类似一家一家的银行、证券公司、保险公司，可是却没有人做资产，就是说没有人去发行债券，没有人去发行 MBS，也没有人去做各种各样的基础资产，比如黄金。因此我认为，数字资产就是"黄金海"，存在创业的最大机会。当看到很多传统的企业来找我们，要去做区块链的时候，我特意做了个统计，85%～90% 的所谓区块链项目，本质上是数字资产。它们根本就不想做区块链，只是想把自己已经掌握的资产数字化、通证化，然后放到区块链上去流转。

第三，基础协议。如果现在你只是在现有的基础协议上进行商业活动，那么你就很难去想象一个很新的、有自己思路的基础协议。如果我们有丰富的数字资产，我们的基础协议将会"柳暗花明"，而通证经济就是画龙点睛的一笔。现在大家如果要去创业做 DeFi，一定要加通证经济。这不是一个可选项，而是必选项。我认为这对于我们国家大量的、有经验的互联网创业者来说是最重要的。

波卡与以太坊是协作者的关系，而不是竞争对手的关系。我相信波卡和以太坊未来会以某种方式进行一种合作，因此也比较看好波卡，但是我目前主要的精力都集中在以太坊上。我认为，我们中国互联网创业者最大的机会，其实是在用户体验这方面，因为现在以太坊太难用了。今天的讲座有 455 位朋友在现场，我不知道其中有多少人真正能够玩 DeFi，现在在以太坊的 DeFi 上轻轻松松地就可以"烧"掉几千块钱。但更糟糕的是，这个操作很麻烦，大量的信息怎么去处理。所以我觉得需要非常有经验、比较有想象力的创业者去开发适用的工具，提高用户体验。在这方面，我认为会出现这样一个项目，就是做一个特别好的 DeFi 手机端，让用户爱不释手，最后，哪怕别人的 DeFi 都做得很好，但如果你的前端用户体验很好，那你的产品就可能成为一个霸主产品。

参与 DeFi 的浪潮有三个办法，一个是投资，一个是挖矿，最后一个就是创业。可能普通人比较适合于前两个。就是说，你要么去闯一闯，要么就去好好了解。譬如投资，目前 DeFi 上有大量的高收益的投资理财产品，且收益率超过除了以太坊挖矿之外的其他所有产品。就是说，你现在可以很轻松找到年化较高的 DeFi 挖矿机会。但问题是，你找到它之后很有可能挖了几天就没有了，所以你就需要不断地切换。有的朋友说，玩 DeFi 真的是好，但研究它这些特点，比较细节，就算把 DeFi 的数据搞清楚，你要解决一个问题的时候，还是会遇到要到哪里找 DeFi 的有关信息的问题。实际上这是大有学问的，需要去学习。至于有些同学说要玩代币，我强烈建议你慎重，因为 DeFi 里面大起大落所谓的这些 Token，很可能是你接盘，到那时真叫欲哭无泪了。所以，还是去玩流动性挖矿比较好。

关于教育培训，我是比较关注的，并且已经参与了一些 DeFi 项目，目前还不便向大家公布。由于我自己对于教育培训这件事情是情有独钟的，所以希望能够在国内比较早地开发出集理论和实践于一体的 DeFi，包括培训大家如何去挖矿，怎么去做数字资产，还可以教大家怎么考虑涉及 DeFi 的创业项目，包括技术协议。这块我还是蛮有兴趣的，等我准备好的时候再跟大家讲，具体形式再定。

对于 DeFi，我们未来要面对一个怎样的基础设施？从现在看，DeFi 有三年的技术周期。就是说，它的一个技术，从它创建白皮书发出来，到代码开始上线，最后到成熟大概需要三年。例如，比特币是在 2008～2009 年出来的，但到真正成熟是在 2013 年的时候，其标志就是，2013 年比特币推出了一个 0.3.6 版本。另外，2013 年年底的时候，小 V 出了以太坊白皮书，也是经过了三年左右的时间，到 2016 年才真正进入了可用的状态。我们再看 2016～2019 年这三年的时间，区块链里面上线了很多的项目，比如今天看到的大量很火的项目，其实它们早在 2017、2018 年的时候就已经出来了。波卡到 2.0 版本的升级计划开始于 2018 年，还有，我国的数字人民币项目，大概也是经过三年的时间，也就在 2020～2023 年普遍都要落地。

如果它们能真正落地的话，我们将面临一个什么样的结果？我上面三年的时间估计其实是保守的。小 V 说以太坊升级到 2.0 大概只需要两年的时间，以太坊主链上的 TPS（Transaction Per Second）的数量是 2 000，但是如果加上一个加速的技术 Rollup，则可以达到 100 000TPS，那就相当于一秒钟可以处理 10 万笔交易。对于我们来说，你能想象到的任何金融业务几乎都可以在以太坊上做，波卡等也是类似情况。在上面我们可以跨链进行数字资产的转移，用智能跨链控制合约资产，然后在以太坊上进行大规模的可信存储。刚才有朋友提到，国内王东林老师的 Yotta Chain，也是非常优秀的。我们可以运用这个去中心化的数据存储基础设施，把数据存在上面，然后用这笔钱去开发智能合约。

大家可以想象下，如果两三年之后我们可以建成一个基础设施工程，无论是我们的 DeFi 也好，还是整个区域的互联网也好，简直太宏大了。我认为当下让大家觉得高不可攀的互联网巨头，在下一步区块链去中心化的价值互联网当中可能会相形见绌。我认为，数字经济的下半场属于以区块链为支撑的产业互联网，也就是价值互联网，它所创造的价值规模会是我们现在已经知道的互联网的 100 倍以上。

对当前的你，给几点建议

第一，建议大家关注 DeFi，可以边学边"玩"，且以玩为主。在我身边的人，包括我自己，目前都是以一种玩的态度来学习。尽管玩起来比较贵，甚至动辄要花几百上千元的咨询费，但是如果你真的想掌握 DeFi 的话，并希望从里面赚到钱，就必须舍得花咨询费，要切实地玩起来。

第二，以诸葛亮读书的态度来学习传统金融。要学习 DeFi，你要懂一点儿金融的基础知识。为什么说要以诸葛亮读书的态度来学习呢？《三国志》中记载，诸葛亮对读书持"观其大略"的态度。我想告诉大家，如果希望在 DeFi 里面有所成就，想创业，你需要懂一点儿金融。我接触的传统金融领域里的人，我个人认为，他们中大多数是不可能在DeFi领域有所创新的，因为他们似乎已经被传统金融的条条框框所束缚。因此，太懂反倒会被限制。如果你想在DeFi领域里能够有一些自己的见解或者创新，你要懂点儿金融，但要看到金融背后的实质，而不是把那么多的术语和规则全都记在脑子里，这样才能做出创新。DeFi能够给你创新的机会，所以我的建议是像诸葛亮读书一样，学点传统金融。

第三，要了解资产证券化。我个人在学习DeFi，包括在学习数字金融和数字资产的过程当中，看过很多传统金融的书，包括有关银行的、经济学的和证券的内容。但之后我发现，跟DeFi最直接相关的方向是资产证券化。我建议大家找一些资产证券化方面的书，来理解一下传统金融过去几十年里最重要的创新之一——资产证券化。这是和DeFi关系最密切的，当然，在我们要去研究如何做数字资产的时候，资产证券化是可以给我们最深刻启发的。

第四，下定决心排除万难。这也是给我自己和身边人的一个建议，特别是对我自己的一个要求。我以前对以太坊比较熟悉，学习区块链的时候重心放在以太币，放在比特币上，但也并不是说真正搞懂了。现在我自己又在重新学习开发，要从代码层面、整合层面，去搞懂以太坊的运作机理。如果你并不想成为一名程序员，不想去开发，只是要去做数字资产，或者只是要搞懂DeFi的话，这是比较难的。你只有学习和了解上述这些，才能对DeFi的能力和局限有一个基本的认识。有没有能搞懂以太坊的书呢？我推荐《精通以太坊》⊖这本书。

第五，不要自我设限，生死看淡，不服就干。区块链上的东西

⊖ 《精通以太坊：开发智能合约和去中心化应用》，2019年5月机械工业出版社出版。

似乎很难，其实又很简单，核心就是只要肯干就没有什么东西是过不去的。现在我们整个DeFi市场里面最好的项目叫Uniswap，它是去年年初的时候，一个程序员只写了500行代码就做出来的东西。现在你可能再也找不到第二个领域，能够在这么短的时间内花这么小的代价，从有一个想法到做出一个伟大的东西，只有DeFi有这样的机会。所以在这么大的一个机会面前，你不要给自己设置任何限制。编程不会、英文不会都不是理由，撸起袖子加油干，有什么想法要赶快做出来，不能一步三犹豫。

第六，以长期主义和理想主义对抗不确定性。我最近感觉到身边有很多朋友对以太坊有很强的投机心理，总说我们要赶快干什么事情，要是几个星期之内干不出来就都晚了。其实，我个人对这些并不以为然。我认为，你需要的是对于某一个事情要有真正深刻的洞察，只有这样，机会才不会辜负你，这才是核心问题。因为DeFi常常会持续半年、一年甚至两年这么久的时间，所以你还是要有一种长期主义的心态，要有一种理想主义的信念，要真正去解决问题，去改善金融服务，只有把经济提高到新的台阶上，才能有机会，而不是简单地薅一把快钱。

最后多说一句，我们一直以来觉得中国人在好多方面的创新没有西方人创新做得多。很多人说是因为我们的创新教育不够，其实我觉得主要不是这个原因。下面分享一下我的看法。我觉得最主要的原因是，很少有人能够以那种比较稳重的心态，坐下来仔细想一想，我到底看到了什么，这个事情哪个地方可能需要改进。只要平静下来，用一种长期主义、理想主义的心态去看待问题和做事，别总想为了钱去做，那么最后你更有可能比那些投机者赚到又快又多的钱。

互动问答

1. 提问：DeFi 是不是隐含了次贷泡沫的因素？

回答：

　　DeFi 真的有点儿像次贷，为什么？要讲这个问题就要讲清楚什么叫次贷危机。发生在 2007～2008 年的次贷危机，本质上是美国当时大量的资产证券化衍生导致的危机。当时美国房地产出现普遍的大规模停滞以及断供之后，之前看上去各种各样不同资产支持的证券 MBS、ABS 等，其基础设施就是它的底层全部都公开了。本来这些基础证券在构造的时候考虑了安全风险问题，但是没有想到底层基础设施，例如房价出现停滞之后，那些三级、二级证券突然就崩溃了。这就是当时一个重要的结果。

　　有人认为 DeFi 就像一个次贷，为什么呢？因为今天 DeFi 上面的这些资产，其底层资产全都是比特币或以太币。而大家知道，比特币代表的那些主流数字资产有个明显的特点，就是要涨一起涨，要跌一起跌。所以如果一旦出现很大规模的集体性崩盘，就可能导致整个 DeFi 大崩盘。这一特点在 2020 年的"312 黑色星期四"事件上已经体现出来了。那一天比特币和以太币都暴跌百分之三十几到四十几，同一天 DeFi 的跌幅也高达百分之六十几。这就是 DeFi 在今天还不太健康的地方，那么怎么改进呢？第一就是拿 USD 这种有支撑的资产作为底层资产；第二就是我们正在努力地把一些新型的数字资产，比如住房抵押贷款、汽车贷款、学生贷等这些涨幅较高、比较可靠且经过评级的资产重整，然后放到 DeFi 里面，作为底层资产。这样，DeFi 的底层资产就会比较多样化，不太容易发生这种彻底的全面性崩盘。

2. 提问：DeFi 的次级资产连环抵押能否产生类似于货币的乘数效应？

回答：

问这个问题的朋友肯定是对金融有所了解。什么叫货币乘数？通俗地讲就是央行发行的基础货币通过商业银行的货币乘数效应在实际经济当中所产生的流动性。有一种解释货币乘数的方法，就是要做重复的存款。比如说我把 1 万块钱存到银行里，假设当前的存款准备金率是 10% 的话，就是指银行要把这 1 万元中的 10%，也就是 1 000 块钱储备起来，剩下的 9 000 元可以放贷出去。当获得这 9 000 元贷款的人又存到银行 9 000 元，银行仍需要把这 9 000 元的 10%，也就是 900 元又存起来，再把剩下的 8 100 元放贷出去。依此循环类推，1 万元的本金，也即 1 万元的基础货币在 10% 的存款准备金率情况下，最后可以产生 10 万元的货币供给。这个时候再去掉一些耗损，得到了一个货币乘数。当前，我国的货币乘数在 5～6。

区块链 DeFi 的重复抵押能否产生类似于货币的乘数效应呢？我个人对这个问题还没有研究出一个结果，而且我认为不同的协议对这个问题似乎给出的答案是不一样的。比如像 MakerDAO 这样的协议，它的应用研发，最初的抵押产生了，有的人重新抵押回以太坊，重新回 MakerDAO，那么给我的感觉就是，它本来应该是向外提供流动性，但是在这样的一个规则之下，反而牺牲了流动性，这对于整个生态当中的流动性不是特别有利。MakerDAO 一共发行了 4 亿多美元，但实际上其中有 2 亿 5 000 万美元被锁仓了，所以你不能说 MakerDAO 这种行为是在发挥类似于货币的乘数效应。但是有的协议可能有点像，比如 Compound。我们也在研究，所以关于这个问题，我们以后会有一个研究的定论，将来我再和大家交流。

3. 提问：资产证券化的未来会促进 NFT 的发展吗？

回答：

这个问题非常有意思，其实我们资产证券化的结果产生的是 FT（Fungible Token），就是匀质的 Token。NFT 最近也是一个热门话题，但它是不是一定要用资产证券化来支持？未必。你可能对资产证券化有一个小小的误解，我就简单说一下。在过去几年当中，有很多朋友对我说，能不能帮他把这幅画资产证券化，把古董给通证化。其实几年前对于这个问题我理解得也不深，但是最近这一年多我慢慢意识到，NFT 这种通证不是很好的资产，为什么？好资产不是说它一定要很值钱，而是能产生清晰可见且可靠的现金流，可以很好地估值预测，可以很容易地组合拆分。资产证券化比较重视的住房抵押贷款、汽车抵押贷款、学生抵押贷款等，这些都是非常好的证券化资产。对通证来说，其实也是一样的。不是说你的某个玉石或者这幅画值不值钱，问题是把它做成一个 NFT，请问这个 NFT 什么时候才能带来现金流呢？估值又是多少钱呢？收益率是多少？这些没办法评估。也许这可能是个好资产，但是它没有评估就绝对不是我们做资产证券化的第一选择。所以我建议问这类问题的朋友可以去读一本叫《资产证券化》的书，来进一步了解一下。目前资产证券化在国内蛮火的，大家可以关注一下。

最近，我可能会拿出一些时间来介绍 DeFi 和数字资产有关的内容，并做一些新课程。未来是通过线上还是线下来做，或是通过一个学习群，到时候再跟大家交流。我之前一直在讲通证经济，但是随着 DeFi 的发展，我感觉通证经济变得简单了，而数字资产和 DeFi 变成了这个时代未来 1～2 年大家会更愿意去学习的东西。说实在的，这也是带来更直接、更快收益的方向。因此我准备推出一个新课程，跟通证经济结合起来，帮助有兴趣的朋友把握这样一个机会。当然，这些东西不完全受控于我，还要再看，因为不仅是大家，我现在也在做几个 DeFi 的项目。

4. 提问：DeFi 和 Ystar 的合作能够带来什么？

回答：

我近期有一段时间没跟了，所以也不好跟大家明确地说会带来什么。但我一直跟王东林老师保持非常频繁的交流，他的项目当中有什么问题也会跟我交流一下。我目前认为，王东林老师这个 Ystar 就是 yotta chain 一个很好的分布式存储基础设施。但是要想把这样一个基础设施做好，可能还需要很多综合性的环境，比如营销，比如战略合作，包括在这个框架里面去建立战略联盟。这些东西对于东林老师来说，还有很多工作要做。大家给他一些时间。

5. 提问：DeFi 除了能够利用功能性成分的流动性之外，还能带来什么好处，可以用项目举例吗？

回答：

这些项目我都知道。我是这样想的，DeFi 对于原来做通证经济的人产生了一个根本性的影响。这个影响，简单地说就是，原来我们做通证经济的时候，必须要"通"它才有意义。那么这个"通"该怎么通呢，原本我们只有一个办法，就是到交易所上去"通"。那么交易所原本都是中心化的，因此，它会对于你的整个经济模型，包括对你的项目提出很多要求。而其中有一个很重要的要求，说句实在话，是交易所为了符合监管而提出一些这样的要求。我是亲身经历过，所以了解得比较清楚，但有些事没法在课上讲得那么细，就告诉大家，注意满足监管和交易所的要求。

传统上，做通证经济，我们会做得很复杂，做得很好，也做得很巧妙。会把很多的 Token 做成功能性的通证，在战略系统当中有一些特别怪的做法。但是，有了 DeFi 之后，这个逻辑就变化了。你只需专心做好自己的项目，然后先让你的 Token 直接进 DeFi 里面流转。这样，如果你的项目做好了，DeFi 流转好了，DeFi 上面的 Token 获得大家的认可，中心化的交易所自然就会跟进。可以看到，整个逻辑倒过来了，你不用再去寻求其他帮助，而是需要先在 DeFi 里面把自己这个生态流转上去。这样一来，我个人觉得，我们可以做得比较简单，整个模型也就可以简化。刚才有朋友问我有什么好处，我认为首先是模型大幅度简化，变得清晰易懂，简单而且直接，这样你可以专心致志地去思考你的功能与用户体验，包括你的数字资产，而不用在这个通证经济模型的设计上费尽心思。关于已经上线的项目，DeFi 要如何通过提高来改进，我还没有仔细想过。目前我们面对的更多的是全新项目，可以说，DeFi 的完成，为这种全新项目带来了脱胎换骨的变化。

6. 提问：您目前在做什么抵押项目？

回答：

抱歉，这个确实目前还不能公布。至于 Swarm 系统，这是以太坊出来以后自带的一个存储系统。实际上现在以太坊自己都不推荐使用这个系统，而是让大家直接在 IPFS.IO 里面去存储数据。目前，整个数据的存储性能都还不是太高，等到 Filecoin 正式上线之后，大批的矿工会拼命地把好的硬件提上来，大家可能会看到，其性能会有很大的提升。Swarm 其实只是为了充数，我认为大家可以把注意力放在像 IPFS、Yottachain 这样的项目上。

7. 提问：YFI 是个什么项目？

回答：

它是一个新晋的网红 DeFi 项目，你可以认为这是一个自动化的薅羊毛的流动性项目。它把 8 个主要的主流币做了 8 个池子，来进行高收益的投资。关键是，YFI 涨得这么凶，其实是社会实验的一个结果。YFI 这个项目本身做得比较受欢迎。YFI 的这种治理币，本身就是一个社会实验产品。它没有给自己预留，没有预挖，也没有给投资人留任何缝隙，流通性都是挖出来的。这样一个情况下，YFI 总共只有 1 万美元，它的价格从 0 很快涨到 1 500 美元，从 1 500 美元涨到了 4 000 多美元，到今天已经超过了比特币。有人说 YFI 才是真正的比特币。实际上，它只是社会实验的一个产品，从经济逻辑上来讲，我并不是很认同，它更多是具有很强的社会实验的属性。的确，现在 YFI 是最新的一个话题。

8. 提问：有朋友在评论里说 IPFS 是资金盘吹出来的？

回答：

我同意你的看法。资金盘在未来不一定取得什么好的成就，大家拭目以待。

9. 提问：如何看待目前 Chainlink 板块的涨幅？

回答：

目前 Chainlink 一枝独秀，国内的 Nest 最近涨得也不错。我觉得它是 DeFi 里面的一个必要的基础设施。但是它为什么一直涨得那么凶，其实我也不是很理解，我们可能对这个事情的研究还不够。我觉得可能有真实的经济因素在里面，如果发生了问题，调研出来可能发现它背后的原因，比如说可能是某一个机构的操盘，也可能跟公司做的事有直接的关系。

10. 提问：如果 IPFS 根本做不了分布式存储，那 Filecoin 是不是就破灭了？

回答：

是的，如果它这个"牛"圆不了的话，那么就会破灭。

CHAPTER 2

第 2 讲

现实世界金融秩序的去中心化重构

高靖泽,东吴证券

DeFi

我们[一]团队之前主要负责传媒互联网板块，今年新开辟的研究方向是数字货币区块链和数字资产这两个方向。目前我们推出了数字资产区块链系列的专题报告，已经发到第二篇了。第一篇科普了比特币[二]的一些相关基础概念。它的流动性非常好，目前与黄金的使用场景类似。比特币有两种主流的估值方式：一种是对它替代黄金的时点进行判断。黄金目前总市值大约15万亿美元，比特币的总市值是1.2万亿～1.3万亿美元，大概占黄金总市值的8%。我们计算一下，如果它的总市值到达黄金的20%，那么比特币的市值和单价分别是多少？当再到达黄金市值的30%和50%时，它的单价和市值又分别是多少？另一种估值方式，就是作为一个主流大宗资产，下一代的战略储备会很多，大资金机构和高净值客户会把它当成一个财富配置来看待。

[一] 本章根据高靖泽2021年4月19日的讲座编纂而成。

[二] 比特币（Bitcoin，缩写：BTC或XBT），是一种基于去中心化，采用点对点网络与共识主动性，开放源代码，以区块链作为底层技术的加密货币。比特币由中本聪（Satoshi Nakamoto）于2008年10月31日发表论文提出，2009年1月3日，创世区块诞生。某些国家、央行、政府机关、学术界将比特币视为虚拟商品，而不认为是货币。货币金融学认为，货币具有交易介质、记账单位、价值储藏三种基本职能，但由于其具有高度波动性因此不具有后两种基本职能，因而不是货币。

第三代区块链技术 DeFi

DeFi 就是 Decentralized Finance 的缩写，即去中心化金融，这是一个比较先进的概念。

第一代区块链技术——比特币为数据赋予价值

第一代区块链技术的应用成果——比特币，在人类历史上实现了首创，就是第一次为数据赋予价值。比如说，数据的本来形式如图片，假如我把这张图片发给你，你又把图片发给他，那么这张图片就生成了两个拷贝。如果你为这张图片本身赋予了价值的话，它每一次生成拷贝的过程中，就稀释了它原本的价值。而比特币采用去中心化账本的形式，保证了当我的比特币打给你时，我手里就没有了，你的比特币再打给他时，你手里也没有了，这样才保证价值能够在传递的过程中不被稀释。

第二代区块链技术——以太坊智能合约与万物互联

后来出现的第二代区块链技术叫以太坊，这是 Vitalik 建立的一种全球化的网络。比特币用代码实现了为链上的数据赋予价值。以太坊就是在比特币基础上，采用一种编程语言，让价值在区块链网上通过编程的形式变成了预售形式来实现复杂的交互。图 2-1 表现的是，在区块链网络中，智能合约让价值在区块链网络中依照预设代码实现复杂交互流通。图中 Bob 给 Sally 打了一个比特币，打完以后 Bob 就没了，比特币就只能支持这种价值的交互形式。

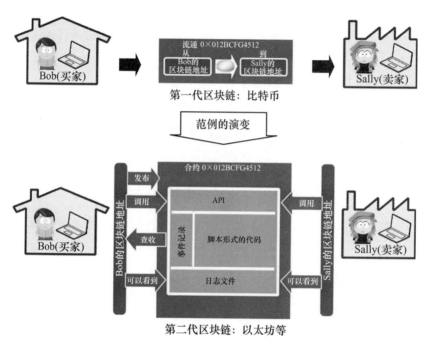

图 2-1　价值通过区块链网络实现复杂的交互和流通示意图

当第一代技术进化成以太坊的时候，可以通过这个编程语言去做一种复杂的交互。比如，我现在有 100 个比特币，想要给我的孩子留下一笔遗产，但是怕他一口气全都挥霍完了。于是我就通过以太坊的智能合约编写了一个自动执行的程序，比如，可以让它在孩子每年生日的时候给他打一个比特币，这个程序每年触发一次，重复 100 次以后自动终止，这就是在以太坊上能够实现的一种应用场景。

后来，随着上述场景的复杂化，开发者又在上面进行了各种创新，出现了许多应用。在以太坊上面，最初出现的去中心化应用程序，我们叫它 Dapp。由于赌博和娱乐能够把人性的弱点充分展现，所以在一开始，以太坊上出现了大量的博彩游戏和一些关于囚徒困境的博弈游戏等游戏资产。如果这些游戏资产能和数字货币实现双向兑换，数字货币又能合法地实现与美元的兑换，这些游戏资产就成为赌博的一种媒介。后来大家意识到赌博里面有庄家，实际上是一个零和博弈，然后就开始想，怎么才能让区块链技术为人类社会产生真正价值呢，后来就出现了 DeFi 的技术。

第三代区块链技术——DeFi 将金融秩序在链上重构

DeFi 就是把我们现有金融系统的所有组成部分，量化、做市、借贷、保险、债券、基金、审计、衍生品、ETF、交易所和清算结算等全都在链上用智能合约的形式进行了一次搬家。

DeFi 作为去中心化金融有四种特性，它跟 CeFi（Centralized Finance）相对应，分别是代码中立开源、去中心化运行、无中心化监管、去中心化自治。

代码中立开源，就是在区块链上运行的这些 DeFi 项目全都是代码开源的，区块链上的任何人都可以去看这个项目的代码。如果你看不懂，有程序员可以看，还有一些专业代码审计公司也可以，都能够保证这个代码的安全，并出具专业的审计报告。它与传统金融行业一样，虽然散户看不明白公司的账目，但是能知道如果经过专业机构审计的话，通常不会出现什么大的问题。代码审计公司，相当于网络安全公司，审计了以后，能够避免项目出现后门、bug 等各种恶性的事件，从而避免影响系统的健康运行。现在 DeFi 里面的头部项目基本上都标配过代码和原审计，有的还要更近一步来保证其可靠性和安全性。

去中心化运行，它的数据跑在区块链的矿机上面。矿机可以想象成去中心化世界里的服务器，但它是分布式运行的，只要全球还剩最后一个人在为以太坊网络挖矿，那么这个网络就可以一直保持运行。

无中心化监管，这个很好理解，就是在上面开发一个项目，只要你会写代码就能发，发了就能上。如果你的东西好就会有人用，不好自然就没有人用。这样的设计使得创新速度特别快，能够让 DeFi 项目大约在半年左右的时间就会迅速在一个链上把传统金融所有的组成部分都复制一遍，而且在传统金融玩法的基础上进行各种各样的创新。当然，因为没有监管，也使得投资者受到的保护更少。不过 DeFi 网络，在历史上也受到过黑客、各类 bug 等的冲击，我们使用一种去中心化的组织形态，反而有利于其在挫折中继续成长，让网络变得更加健康稳定。

去中心化自治（Decentralized Autonomous Organization，DAO），有点儿相当于传统金融里面的股东大会，大家靠自己持有币的份额在里面进行投票，然后少数服从多数。任何人只要有想法，就可以在这里发起提案，然后根据持仓量进行投票，所有人再一起共同决定这个项目的大事、小事以及方向。可以说，这类似于一个 24 小时 365 天在互联网上不间断随时发起的股东大会。

以太坊创始人"V 神"之前提出来一个叫作"区块链不可能三角"的理论，就是说，区块链的项目不能够兼具安全性、可扩展性（高性能）和去中心化。当你想保证其中两个，那你就要牺牲另一个。以太坊网络因为是要保证完全的去中心化，同时保证网络安全正常运行，所以会牺牲一些运转的效率。后来有一些国内的头部交易所发起自己的产品，实际上就是朝着以太坊做的一个自己的版本。在其上面，它把"不可能三角"里面的去中心化完全牺牲掉了，都跑成了一个中心化的节点，然后在这里大家不用去消耗人力和资源去解决去中心化中的信任问题，且默认信任这个中心化节点，然后就可以通过便宜的成本和简短的时间在上面运行 DeFi 去中心化金融的程序。

DeFi 在金融上的七大基础应用

存贷——通过数字资产作为抵押物贷出数字资产

DeFi 在金融上的基础应用之一是存与贷，其实现的业务模式很简单，就是一方存款进来，另外一方再把它贷出。存款进来的人，比如说，我现在有一个比特币，它以普通形式放在钱包里面，没有利息，一个比特币一年以后还是一个比特币，100 年以后也还是一个比特币，但是如果我把这一个比特币的资产存到去中心化金融借贷平台里面，它就能够生息。

假如我的比特币年利率是 1%，即一个币存进去以后，一年以后不管比特币值多少钱，都会给我 0.01 个，让我的比特币投资变成了 1.01 个比特币。我们知道，比特币的总量有 2 100 万个，谁也不能够凭空创造出比特币，那给我的利息从哪里来呢？这是因为有人可以把我的资产贷走，比如说他需支付 3% 的利息，这样平台从中间就抽 2% 的利息作为盈利，然后在其盈利里面可以拿其中的一部分来付给开发者，一部分留给社区基金会用。当做公共活动、广告、推广、审计等需要用钱的时候，就由基金会来出。还有一些交易手续费的资金流做风险储备金，当出现穿仓、黑客攻击等这种意外情况的时候，可以拿这部分钱来进行赔付。

那平台里，你存进来的钱如何保证安全呢？像我们刚才讲的，首先所有的过程在链上全都公开，然后由专业网络安全审计公司进来审核这个代码有没有问题。代码方面安全就保证了以后你的资金安全。

比如，一个项目叫 Venus，它的平台质押率是 60%，就是说，如果我存进来一个比特币（价值 5 万美元），那么能贷出来 60% 的等值其他数字货币，即 3 万美元稳定币或者等值的其他数字货币。要注意的是，这是个动态过程。如果一个比特币涨到 6 万美元，实际上我能贷出来的金额就变成了 3.6 万美元，但我前面只贷出了 3 万美元，这个时候就还能再取 6 000 美元出来。如果比特币跌到了 4 万美元，相当于我只能贷 2.4 万美元，但我已经贷了 3 万美元出来，那就要把这 6 000 美元还回去，否则的话，这个链上智能的清算机器人就会把我多出来的这一部分头寸给割掉。比如，5 万美元的一个比特币存进去，当它跌到 4 万美元时，由于我多贷出来 6 000 美元，这个时候清算机器人就会再帮我把价值 4 万美元一个的比特币卖掉 6 000 美元来还这笔债，把我的质押率保持在 60% 以下。另外，在这个过程中实际乘了一个 1.05，就是多扣了我一笔 5% 的清算罚金，这样的话能够保证这个系统里面没有额外的杠杆，不会产生次贷危机。

这类项目与中心化的贷款有一些区别。你可以把它理解成住房抵押贷款，当你准备做生意或者需要什么其他的资金时，你把房屋抵押给银行，才能拿到贷款。比特币在这里也是一样，你可以把比特币理解为区块链世界里的房子，抵押它，然后能够贷出来其他资产做一些你要做的事情。

比如，我有一个比特币，看到牛市"山寨"币涨得很好，但我不想再用C2C的方法买稳定币了。这时就可以把这个比特币存进去，贷一部分资金出来购买"山寨"币，当赚钱以后，再把贷款还回去，把这个抵押物（比特币）再取出来。我4月6号准备这篇演讲稿时，那个Venus平台里面沉淀的资产量大约是80亿美元，而且它每天都在快速增长，日均交易量高达920亿美元左右。

平台跟传统的借贷还有一些区别，就是去中心化，解决了一个信任的问题。你拿房去银行借贷款，银行不仅要抵押你的房，还要你的身份证号，要知道你在哪里工作，你儿子在哪里上学，你的家属是干什么的，你开的什么车。了解这些信息无非是怕两点：第一点是怕你赖账跑路，还不上这笔钱；第二点是担心你的房，作为一个非标品，可能不是很好卖，还可能走司法拍卖各种各样的流程。比特币解决了这两个问题：一个是你的数字产品在平台上面做了抵押就有了信任；另外一个是因为比特币的流动性很好，大概24小时全球所有数字资产的交易量有2 000亿～3 000亿美元，所以也不会出现坏账的情况。

DeFi网络从2020年七八月份开始兴起，到2021年上半年时间里，平台总共呈现的资金量大约超过了1 000亿美元，增长的速度是很快的。所以我们说，链上去中心化，没有监管，资金在上面以非常高的使用率高效地快速流通，能够极大地促进创新。

当一个平台刚出来的时候，它只有平台上面的算法，没有人往里面存钱，更没有人出来借钱，怎么办？其实这就像某出行APP最开始的时候，平台通过投放红包来补贴。某出行 APP 平台里面的司机是服务的提供方，乘客是服务的接收方，作为一个平台，把这两边聚合在一起，然后给司机和乘客两边补贴，等公司能盈利以后，慢慢再把红包撤掉。公司能够实现正向的盈利，应该就是靠烧钱获取流量把其他的竞争对手都打爆，然后期望实现市场垄断。

DeFi 平台的补贴与上述出行平台的补贴还有一些区别。上述出行平台发放的红包补贴只能在自己平台抵扣指定服务的消费，即你专车券只能抵扣专车消费，快车券只能抵扣快车消费，而且平台不能代收，不能支持二级市场交易。但是在 DeFi 区块链网络平台中，极大降低了清算结算的成本，你在里面发放的平台币就是平台给你发放的股份。实际上，平台开始的时候相当于印空气币，如果你认为有价值你就留着，没有价值你也可以卖给其他认为它有价值的人。一开始空气币可能确实没什么价值，随着平台后面慢慢实现盈利，项目才正式变得有价值。你可以把币随时双向兑换成美元、比特币或者其他任何数字货币，并在虚拟网络中自由流通。DeFi 平台还可以根据智能合约设计让持有人参与到股东大会的投票，决定平台未来的发展方式。按照持仓量，可以让你参与平台收益的分红，你就相当于股东了。或者有的项目可以减免你的平台手续费，或者增加你的收益，提供一些特殊的功能，这就是借贷。

去中心化交易所 Dex

再讲一下去中心化交易所 Dex（Decentralized Exchange），它是与中心化交易所对应的采用智能合约跑在公链上面的交易所。传统的中心化交易所是真正的实体公司开办的，在服务器上实现交易。去中心化交易所Dex上面能够实现的功能，就是你可以拿任何币换任何币。当这个平台开始时，没有交易对手盘，没有做市商，交易没有深度，怎么办呢？谁给你做市？

其实任何人在这里都可以成为做市商。比如说我现在有1万美元，美元在数字世界里被称为USDT，即1万USDT，同时我有1万美元等值的比特币，当我把这两个东西组合在一起，形成一个叫美元比特币的LP（Liquidity Provider），LP就是做市商交易。比如说，你要拿1 000美元换价值1 000美元的比特币，并在我这里做交易。当我接了你的1 000美元，就意味着我的美元余额变成了11 000美元，我的比特币余额变成了9 000。

我为什么要来做市呢？因为每一笔交易，平台会抽2‰的手续费，其中1.7‰发放给做市商，0.3‰作为平台盈余公积。盈余公积可以支付给开发者、回购企业平台币来让平台币造成资产通缩。在这里，开始的收入可能比较少，平台靠发放平台币来鼓励你进来做市，并给予你做市的回报。

平台相当于实现了一个经济模型，就是平台发放数字资产前来做市，来做市的人越多，你交易盘口的深度增加，就不会出现这种很长的排队上线情况，交易效率也就提高。这样大家来你这里换币，交易磨损最少，投进去的钱能换出来的其他币种也多，然后就有更多人来你这里交易。

当你交易得多了，相应收取2‰的手续费就增加，这其中有部分比例也会拿来回购这个平台的数字币，就相当于拿真金白银去拉升了盘，如果以后把这个币销毁，那相当于为这个交易里面注入了资金，造成平台数字资产通缩，价格提高。渐渐地平台给你的那个红包的补贴就逐渐撤掉了，但是同时以币的形式存在。当给你的币越来越少，比如说一开始给你2个币，后来又给1.9个、1.8个、1.7个，当平台越滚越大的时候，来交易的人增多，交易回购的手续费增加，所以可能这个币给你的数量越少，但是价格越涨越高，同样地，收益也在上涨，最后实现一个正向的循环。因为有奖励，越来越多的人前来做市，激发更多人想要做市，就会进一步让交易效率提高。

  借贷平台用的也是类似的一个经济模型。刚开始平台一出来什么也没有，我先存一个比特币进来，假如说给我年化1%的收益，平台另外再给我5%的奖励，但是以平台币的形式发放，这样一共我就拿了年化6%的收益。然后我就在平台存，资金池的深度也随之增加，就有更多人存钱进来，贷款人也才能贷到指定的数字资产。另外，贷款人贷币出来，给平台最初协议积累用户并积累流量，因此平台也对他们进行补贴。比如说他借钱出来要交3%的利息，然后平台再给补贴5%，那相当于他来借钱平台还倒贴2%。

  事实上，在最开始的时候就是这样的，通过利率的动态调节来让借贷的供需平衡。比如说平台一共有1 000个比特币，已经借出了999个了，最后你要想借币出来，它的利率指数就升高。这个时候如果平台特别需要的资产进来，它也肯定给你很高的利率。这样就调节了平台的供需，供需平衡了以后的利率更加健康，交易效率提高，更多人来这里借贷，借贷多的平台手续费收入增加，手续费增加后回购这个平台币的量就大了，慢慢地就把流量积累起来了。

聚合器

随着交易的平台增多，又出现了一种叫作聚合器的应用。因为在不同平台里面交易的数字资产都一样，图 2-2 中显示，有一笔 1 000 比特币的交易，然后平台会认为这笔交易太大了，要用智能算法拆单优化一下，要通过很多个交易所，这样每一个交易所里面的滑点都变小，最后你换成的资产就能够变多。

图 2-3 中表明，其中的 2.5% 走了一个小交易所，另 2.5% 走另外一个小交易所，然后 82.5% 又走了一个大交易所，还有剩余的百分之十几走了一个中型的交易所，这样的拆单就是通过智能合约的形式自动优化的交易。

图 2-2　Onekey swap 为硬件钱包头部厂商 Onekey 推出的跨链交易聚合器

图 2-3 1inch 聚合器通过拆单的形式降低交易磨损，提高转换效率

机枪池，资产管理聚合平台

机枪池有点类似现实世界里面的公募基金，它是资产的聚合管理平台。如前所述，交易所里面做市或者在借贷平台里面提供存款都有利息，但是利率是动态的。比如说某个币都被借完了，如果你要是存币，那么它的利率就会特别高。因为利率是动态的，如果要想把你的收益优化在最高，那么你得时时去监控这些不同平台的利率，然后不断去调仓，这样就搞得很麻烦。于是就有人写了这种智能程序，把你的资产托管在这里，自动帮你去找收益最高的时刻，来让你的资产能够一直以最优解的方式争取收益。这就像打机关枪一样，先打这里，看哪个地方收益高，再把机关枪调转过去，打那里。程序帮你去优化，然后再帮你把挖出来的币进行复投，有的项目每天复投率比较高，一天能够投四五次，那么就能让你的收益呈指数级上升。这些都是区块链通过无限地降低清算结算的成本才能达成的。

图 2-4 显示，Auto Farm（简称 Auto）策略理财机枪池管理的资金规模达到数亿美元，这只是今年 2 月左右上线的项目。图 2-5 显示，Beefy Finance 的策略理财机枪池项目也有 5 亿美元左右的管理规模，这也是今年才出现的项目。可以看到，Auto 平台的收费方式就是先存入资产的迁移作为管理费，然后在这里给你筹利润的一二期作为 Carry，其中有 2 个点用来做复投的交易手续费，还有 1.5 个点用来回购自己的平台币并销毁，造成平台数字资产的通缩。你为什么要选 Auto 呢？因为 Auto 给你平台币。如果资产通缩的 Auto 平台币贵了，就有更多人来这个平台投，管理规模大了，从中间抽取的手续费再去回购这种币的也就多了，这种币涨得也就快。中间大致就是这么一个经济模式。

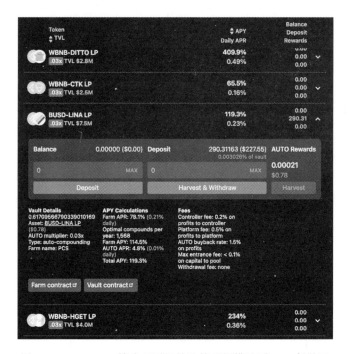

图 2-4　Auto Farm 策略理财机枪池管理规模达到 14.7 亿美元

图 2-5　Beefy Finance 策略理财机枪池管理规模达到 5.17 亿美元

资产映射

最近大家对资产映射比较感兴趣。图 2-6 是一个韩国某团队做的项目，叫 Mirror。这上面使用了一种叫预言机的技术，它实际上就是通过区块链技术，把场外真实世界的一些信息，比如资产的报价映射到区块链里面来，然后在这里发币。比如说场外的股票——特斯拉（TSLA），场内平台对应发一个 mTSLA，这就是映射特斯拉股票股价的一个数字货币，可以看到，它们两个的走势基本上是一致的。Mirror 项目里面的资金量增长得很快，这个平台 24 小时盈利达十几万美元，然后里面映射的资产价值，即股票的镜像资产价值约 4.3 亿

第2讲 现实世界金融秩序的去中心化重构 55

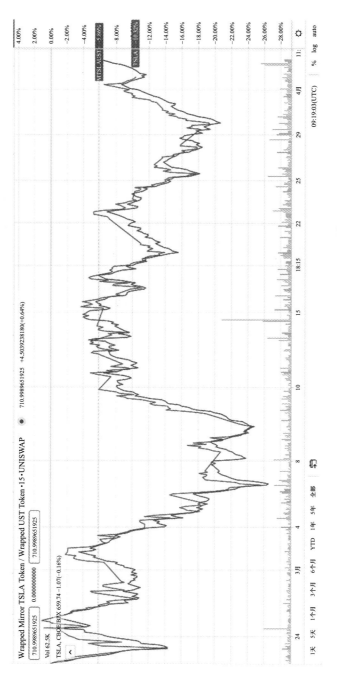

图2-6 Mirror资产映射平台mTSLA和TSLA股价对比（2021年4月5日）

美元（见图 2-7）。现在平台里面有 18 亿美元的资金沉淀，mTSLA 的交易额 24 小时达到 4.85 亿美元，跟特斯拉场外美股的股价去对比，已经达到美股的 0.14。这个数据应该只是反映了项目在二三月份开始时的情况，说明项目还比较年轻。

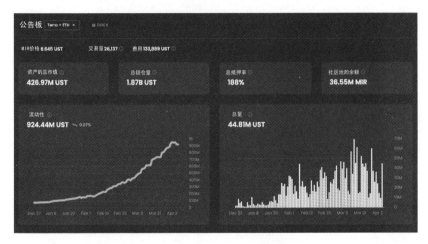

图 2-7　Mirror 项目平台做市资金量

很多朋友就会问了，你凭什么发一个数字货币或空气币就能够盲推场外真正有价值的公司股价呢？这不是凭空创造出来的吗？其实这与刚刚那个贷款案例形式差不多。你要拿一种跟美元锚定的稳定币来进行超额抵押才能发行，资产质押率最低为 150%。假设特斯拉股价是 700 美元一股，那么你就要花 1 050 美元才能够发行一个映射资产。这和借贷抵押是一样的，就是说，质押率低于 150% 时，清算机器人就来割你的头寸，以保证这里面更改率不是太高。多出来的这 50%，美股不会突然跌 1/3，把这个东西打穿仓⊖，所以这是相对

⊖ 打穿仓，是指不仅可用资金为负数，即使当时点位强行平仓，平仓后可用资金仍为负数，即还欠期货公司的钱。

安全的。

那有些人会说，凭什么数字货币能够锚定美元，那不也是凭空发出来的吗？这个 UST 是用一种套利机制来保证它永远 1∶1 绑定美元的数字货币，通过销毁另外一种数字货币 LUNA 来发行。就是说，当 1 UST 价格大于 1 美元的时候，你就拿 LUNA 换 UST，就能把大于 1 美元的部分赚到，当价格小于 1 美元的时候你可以再销毁。比如说，0.98 美元的 UST 创造出来 LUNA 就值 1 美元，此时你就挣两美分。此处，通过套利机制让它一直能够锚定美元的价格。

这样，通过这个机制就把场外股票的价格映射进来。在这里，不只有一种股票，还有阿里巴巴、AMC、GME 的，也有金、银、石油、标普指数的，一共 21 种数字资产。当你想在里面加入新的数字资产，就在 DAO 里面投票，到时候也能够通过数字货币来买这些股票，那么它实现了一个什么创新呢？它可以让普通用户绕过 KYC 身份验证、AML 反洗钱、换汇、开户的流程，无需整股持有，没有涨跌幅熔断的限制，随时采用数字资产双向兑换美股和传统产品的其他映射数字资产。

去中心化衍生品

先讲一下以太坊网络上的 Set Protocol。它让人人都可以在上面把数字资产打包，形成 ETF，可以说，人人都能在上面做基金经理。这相当于数字货币 DeFi 世界里面的天然基金网，在上面你可以把自己做的资产组合放到这个网络里，其他人就能看到你过往的业绩。

这里面存的是真币吗？它背后有对应数额的数字资产，你在里面可以做主动投资也可以做被动投资。可以看到，图 2-8 是 DeFi Pulse Index ETF 持有的 14 种 DeFi 蓝筹数字资产，这些资产里有借贷、交易所、机枪池，还有各种映射资产，在里面形成一个组合，从上市以来涨了 3 倍，3 个月涨了 2 倍多。7 天的净值、1 天的净值，乃至今天的波动在上面都可以看到。任何人觉得东西好就可以去买，平台渐渐也就可以收管理费。这里面不仅能放数字货币，还能加杠杆。比如以太坊的 1.8 倍杠杆，就是如果你持有以太坊的仓位是 180%，那么就开了 1.8 倍以太坊的杠杆，此时美元的仓位是负 80%。还有一些其他的组合，比如，把一些科技股映射进来，在这里做一个 ETF 组合。你买完一个 ETF 以后，给你的凭证就是 ETF。

你买了一个份额的数字货币保存在你的钱包里面，然后，一方面币本身就可以在链上卖，另外一方面你的一部分份额可以转让。你也可以把它组成 LP 做市交易对，赚取做市的收益。这个平台还承担了基金托管人的功能，可以让大家在上面安全地去进行主动或者被动的 ETF 投资。

图 2-9 显示的是杠杆措施。刚刚讲过，有一种跟美元锚定的稳定币，这里还有一种叫 BUSD 的稳定币，还有一种叫 USDT 的稳定币，这两种币跟美元都是用 1∶1 套利机制去绑定的。但是，它们在二级市场的交易中偶尔会出现 2/10 000、3/10 000 左右的差价，这时你就可以通过 LP 做交易。而且你拿两种币做市，你的做市对（LP）的价值是稳定的。如果说，我拿一半的美元和一半的比特币去做市，由于比特币有波动，我的做市交易对就在波动。在美元和美元的做市交易对里，波动极小，基本上可以忽略，但在这里，资金利用率会降低。

第 2 讲　现实世界金融秩序的去中心化重构　59

图 2-8　DeFi Pulse Index ETF 的 DeFi 蓝筹数字资产

在 Alpaca Finance 平台，你可以开 6 倍的杠杆，把你的收益放大 6 倍，当然风险也放大了 6 倍。反正 2/10 000、3/10 000 的风险放大 6 倍也不是很大，只是另外支付一些借款的利息。像刚刚说那个借贷平台，有人把钱存进来给这些贷款出来做市的人，然后采取将高低风险分级隔离的方式。

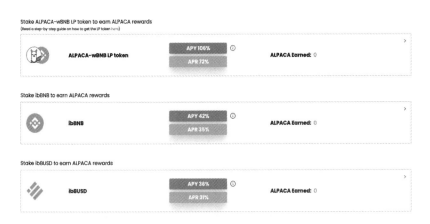

图 2-9 平台杠杆资产由存款方提供，发放平台数字资产作为报酬

保险

保险也是一样的，通过二元期权的形式实现数字资产的保险。2020 年，特朗普和拜登竞选总统的时候，当时有一家称为 FTX 的平台就在上面（有不少数字货币平台）开了二元期权。当你存 1 美元进去，它会给你 1 个特朗普币，1 个拜登币，这个特朗普币和拜登币加起来价值等于 1 美元。如果你觉得特朗普要赢，就把这个拜登币卖了买成特朗普币；如果你觉得拜登要赢，就把特朗普币卖了，买拜登币。到就职演讲发布的时候，确定了拜登赢，特朗普币就归零，1 个拜登币价值就成了 1 美元。认为拜登赢的人，就赢得了平台里面的所有收益。

在保险里面也是一样的逻辑，你存入 1 美元，然后你对赌的是这个平台会"爆雷"或者不会"爆雷"。比如说，我现在把币存入

Auto，这个保单就叫 Auto2021 年二季度的保险，赌它会爆雷还是不会爆雷。如果我要给我的资产做保险，我就买它会爆雷，这相当于一个保单的一个凭证。假如说真出了问题，我就能够凭我买的份额，用对应的资产保险来等爆雷以后把我的资产换回来。

大家也可以在里面去对赌方向，选择平台会爆雷还是不会爆雷。一方面你可以对冲，另一方面在这里你可以直接猜方向。你持有的保单也可以做成 LP 做市交易对去做市。比如说，可以是 98% 的正向保单或者反向保单，然后配 2% 的美元或人民币。关键是，在里面相当于你不仅拥有这个保单，还可以赚取一些做市的收益。

保险实现的方式就是，如果平台出问题了，提出索赔，然后所有持有这个平台币的人在里面进行 DAO 投票，决定平台爆雷了该赔还是不该赔。如果大家都觉得自己存的钱被黑了，认为不赔不服气，那还可以上诉到最终的委员会。这个委员会是由一些在现实世界里专做审计的人员、专家和链上的网络安全公司组成的。委员会里至少选 5 个人再去做一次最终的裁决，并依据少数服从多数原则来决定是否应该赔偿。

DeFi 对市场及产业的影响

首次把通缩资产比特币变成了生息资产

DeFi 对于市场能造成什么影响？首先，它把通缩资产（像比特币）首次变成了生息资产。比特币总量现有 2 100 万个，而且新发出的数量在不断减少。还有一些人因为保管不慎已经将它遗失了，推算这部分大概占现在总量的 1/7。所以比特币相当于是越来越少的。它本身就通缩了，遗失又进一步加强了它的通缩属性。

在人类的历史上，所有的通缩资产，不管是黄金、美元还是比特币，普通持有的形式是不产生利息的。一千克黄金一年以后还是一千克黄金，一个比特币一年以后还是一个比特币。如果你想要利息，很简单，把你的黄金或比特币换成人民币或美元存到银行里，存到余额宝里，就可以派生利息。而 DeFi 实现了一个特别厉害的事情，就是让你的通缩资产可以产生利息。这就跟住房或者其他大类资产一样，你可以去做抵押贷出来现金，不管是去交房租还是去加杠杆或者炒其他币，就相当于让它的使用更为灵活。

对于中小投资者来说，相信接触到比特币的很多人是被涨幅吸引了，我也一样。我是 2017 年比特币价格在 19 000 美元的时候入场的，你们可以看到，我的微信号就叫 BTC19000，就是纪念我第 1 次入场的时候。我在上一轮牛市的尖尖上被套了三年，在熊市里面被爆锤。如果第一次接触到比特币就发现这东西一直涨，大家通常的想法是，那我要是有一点多好。假如我是一个学生，只有 1 万块钱，那我可以买 1 万块钱的比特币，我怎么能多拥有一点呢？作为散户，我高抛低吸不就能赚筹码了吗？或者是看到市场里面还有一些杠杆的服务，那就太好了，我在里面加了杠杆，就可以加快我的资金使用率，用以小博大的形式赚到更多的币。最后结果大家都知道，散户做现货，高没抛成，低抛高吸，或者又做了杠杆结果被爆仓。

其实散户在里面很多并不是很喜欢做交易，就是为了赚更多的币，于是在市场里面加入大量的杠杆。你看，比特币上个月的走势是上下振荡，就是为了把杠杆都"洗"干净。如果散户发现 DeFi 这么好的东西，这种币存起来一年有10%，甚至30%左右的收益，他们就不用在市场里面再去折腾了。在里面存利息，就能慢慢地存币，也不用看盘了，这有点类似大家对矿机的想象，类似于花点儿钱买一笔资产，然后每天躺着就可以投资产生币。

低成本赚取数字资产

大家都知道，中小投资者在市场里面，只能做二级市场现货的接盘侠，然后还要被其他有优势的人割盘。散户如果来到了DeFi，发现自己在里面可以以更多的形式参与金融系统。比如说，可以以很少的钱进来做市LP赚取做市收益，也可以去放贷成为金融运行体系的一部分，还可以去做保险的提供商，或者做其他各种各样的事情。相比传统市场，这里衍生品更多一点，就像一个游乐场。

沉淀资产量，降低市场流通盘，降低市场波动性

对于行业来说，半年时间里DeFi就存了大概1 000亿美元，这对于传统金融来说也是一个比较大的体量，相当于一个挺大的上市公司。DeFi里面的比特币总数约为17.1万枚，差不多不到一个点的比特币流通盘，里面的数字资产占所有的数字资产5%左右，投机性还是比较强的。

比特币相当于以前数字货币唯一的一个使用场景。很多人诟病，说自己买了一个比特币，唯一的一个使用场景是等比特币涨起来以后卖给一个更傻的人。但是在DeFi里能看到，比特币能够实现各种各样的金融创新，实际上为社会提供了价值。在传统金融里做借贷，存款方拿到利息，贷款方得到更高的流动性，或者去做市、去做保险，都能够产生价值。但现在，相当于 DeFi 第一次把比特币通缩资产和生息资产合为一体，价值储存和生产资料合为一体。大家发现这个东西存着就可以支撑利息，如果能像矿机一样，或者说像一个金铲子一样一直挖的话，可能就不会那么着急卖。慢慢地，也能降低这些人在市场里面做杠杆，然后降低市场的投机性，缓慢地释放获利盘的抛压，流通盘有很多被锁定了。这一轮牛市还有特斯拉等一些传统机构入场，巨头对于比特币的需求也很多，推高比特币价格，就是锁仓量变多，"车"变轻了，巨头一次十几亿美元往里买，不就把价格拉高了吗？锁仓量提高、杠杆量降低的情况，相当于机构持续有资金流入，可以让比特币在求大于供的情况下价格逐渐提高，长期来说，在产业里相当于除了比特币的周期，又多了一个 DeFi 的周期。

"DeFi 乐高"产生协同效应

DeFi 网络我们又给它取名为 DeFi 乐高，因为在里面能够做成丰富的组合。前面我讲了，这个基础的应用里，有银行去做借贷匹配，有做市。我们能看到，任何资产都可以组成 LP，通过自动做市和 DEX 交易所为二级市场注入流动性，包括保单、一些份额，以及后面所有的平台股份之类，还有一些套利行为，帮助资产发现价值，协调供需平衡。

或者当 DeFi 网络中的资产映射现实世界中的一些资产时，它可以保证价格的稳定性。另外，可以通过保险行为对冲黑客风险。保单 ETF 份额和蓝筹 BLP 任何优质的资产都可以通过 DAO 去中心化投票股东大会，来纳入抵押平台作为抵押物。你不仅可以拿大家有共识的比特币、以太坊这种大类的数字资产作为抵押物，而且你的做市交易对、你的保单、你的所有形式的数字资产，只要这个平台里面的投票认可它的价值，就可以拿来作为抵押物来代收其他实物资产。

此外，网络里面如果出现加杠杆或者超额抵押情况的话，就有清算机器人在这里作为"清道夫"来清理爆仓杠杆，甚至防止像次贷危机这种集体砸盘事件系统性风险的发生。

风险提示

第一，DeFi 平台是在链上，所有的在链网络上的东西都有被黑客攻击的风险，那么可以通过保险来实现风险的对冲。第二，抵押贷里面有一些循环贷，与当时次贷危机情况一样，在 DeFi 里也有一些。正是因为大家发现了这一个问题，所以创造了清算机器人去清算。比如，建立 5 个点的罚金，通过有偿的法律行为保证链上资产的杠杆比较平衡。总而言之，虽然还有一些其他的风险，但是我认为现在在 DeFi 里面做投资，其风险还是比较可控的。

CHAPTER 3

第 3 讲

以太坊二层热点

何太极,PairX 创始人

DeFi

之前发生了很多事情，包括大家说以太坊的价格太贵，Gas费[一]也高涨，需要一个价格更低的地方，所以很多竞争链崛起了，比如BSC、Heco等。不论是谁也好，货币的各种各样链基本上都有不错的流量。那么以太坊会不会就不行了？让我们来共同探讨。[二]

[一] 在以太坊上，所有交易和合约执行都需要支付少量费用，这笔费用称为Gas费用。从技术上讲，Gas指的是执行某项操作或某个智能合约所需计算资源的度量单位。执行的操作越复杂，完成该操作所需的Gas就越多。Gas费用完全用ETH支付。Gas价格通常以gwei表示，1 gwei=10^{-9}ether。

[二] 本章根据何太极2021年5月13日在巴比特的讲座编纂而成。

以太坊 DeFi 会不会王者归来

实际上，在下结论之前我们应该先来看一些相关数据。当这些竞争链的 DeFi 生态发展起来之后，以太坊 DeFi 自身的一些变化可以用一些简单的数据作为支撑。

第一个数据是以太坊 DeFi 总锁仓值。从近一年或者最近 90 天的数据看，这个值一直在增长。根据 DeFi Pulse 的保守统计，目前它已经达到接近 900 亿美元的规模（见图 3-1），而很多其他渠道对其的统计值实际上早就已经超过千亿美元了。

图 3-1 只是统计了一些主流币的协议。以太坊二层网络发展也很快，锁仓值也在大量增加，所以这个数据只是作为一个参考。实际上整个行业一直在高速发展，尤其是近一年来发展特别快，速度并没有递减。

第二个数据是 DeFi 协议里面锁定的以太币数量。从 2020 年 9 月份开始，在整个中心化交易所，以太币数量大量流出，交易所持有的以太币数量在减少。此外，在智能合约里的以太币数量在急剧增加。从图 3-2 中可以看到，一个往上走，一个往下走，在 DeFi 协议里以太币的数量是交易所的 2 倍。之所以最近以太币的价格涨得很快，且一直非常稳定，实际上是因为一方面市场的供应在减少，另一方面是锁仓的需求在增加。这样，会让以太币价格一直持续上涨，进入到一个供需的新平衡里面去。这是以太币底层的，从供需的角度可以看到的一个明显现象。

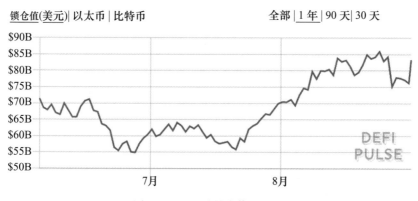

图 3-1　DeFi 总锁仓值（TVL）

图 3-2　以太坊智能合约的供应与交易所的供应平衡

第三个数据是以太坊 DeFi 的总用户数。这其实是非常难统计的，现在能统计到的只是这种活跃的、交互的地址数，其实它的成长也特别快。我们能看到，它基本上以半抛物线式向上增长

（见图 3-3）。

现在大概有超过 230 万人参与到了 DeFi 的各种协议里进行过交互，但真实的用户实际上并没有那么多。现在也有各种各样的估算，但可能真实的用户只有几十万人。因为有大量的人是有多个账户和多个地址的。一些技术人员或者一些大户手里的地址也非常多，所以真实用户数非常难估计，但是总用户数是快速增加的，这也验证了行业的高速发展。

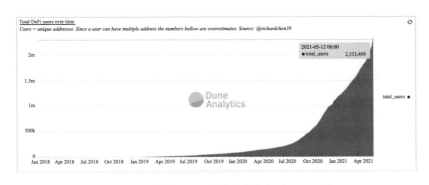

图 3-3　以太坊 DeFi 的总用户数超过 230 万人

另外一个数据我觉得特别有意思，值得去看。今天整个以太坊已经发展成为一个非常完善的数字经济体，以太坊创造的手续费收入其实已经超出比特币太多了（见表 3-1）。

UniswapV2 每天产生的手续费收入就已经超过了比特币区块链的，因为它是基于以太坊区块链构建的去中心化交易协议。大家都愿意在上面付费从事各种各样的经济活动，参与到其中的一些应用里。这样一个生态体系是非常活跃的。这说明了什么问题？今天 DeFi 上面以太坊的 Gas 费非常高，是不是就没人用了？不是的，你会看到它的数据增长很快，反映了大量的人在使用。这就好比北京和上海的房价这么贵，交通这么拥堵，为什么还有那么多人去？是因为有大量的机会。你到一个小城市，或者一个新的城市，环境非常优美，交通又不拥堵，房价也便宜，但是为什么大家不愿意去呢？是因为没有大量的商业机会，或者说没有成长的机会。

表3-1 区块链各平台费用对比

单位：美元

名称	1天费用	7天平均费用
Ethereum	$117 202 966.51	$52 575 237.83
Uniswap V2	$7 113 237.38	$5 930 543.69
Bitcoin	$4 602 741.41	$5 337 225.96
Aave	$1 791 920.90	$1 639 415.39
SushiSwap	$1 704 208.97	$1 653 944.02
Compound	$1 429 329.73	$1 206 618.28
MakerDAO	$496 878.13	$467 783.07
Balancer	$329 457.37	$321 082.66
Quickswap	$322 862.20	$167 747.62
Bancor	$250 735.63	$254 773.59
Synthetix	$161 190.09	$87 525.87

其实这些都是可以类比的，以太坊也一样。即便今天有了很多

竞争品，号称速度更快、费用更低，但实际情况是以太坊仍然在高速发展。因为以太坊保持了最完善的生态，它有大量优秀的开发者，有非常优质的资产，有大量的机会。今天我们看到 DeFi，如果从投资者的角度来说，可能的确有一段时间相对比较沉寂。尤其近期，大量的币，甚至很多老牌的山寨币、空气币，其币值都增长了很多倍，但这只是从投资的角度来说，并不能代表整个产业的发展。

现在是牛市的一个特殊阶段。进入到这个阶段，其实当 DeFi 整个估值涨到一定程度之后，要再往上涨，需要大家更多的共识或者更多的技术基本面来支撑。因为在今天，所有的 DeFi 协议更像一家企业，而对企业的估值实际上有明显的天花板，比如它发展到什么阶段，给它多少倍的溢价，相对来说有一个很明确的东西。但是，空气币和山寨币不一样。空气币不需要考虑基本面，只需要考虑怎么营销，如何更有人气、有更多的人参与，所以这是两个话题。今天我们探讨的是整个产业的发展。因为要做投资的话，短期可以去投机一些有人气的东西，但是要获得整个产业的长期回报，需要去看这个行业的发展是往哪走，什么样的投资标的未来有更高的成长空间。以太坊 DeFi 王者归来，这是必然的。其实它从来就没有离开过，只是因为有很多人没有参与到 DeFi 的生态。就是说，如果你不是 DeFi 的早期采用者，那么你就没有特别深的感触，你会觉得有些地方很热闹，好像以太坊现在不行了，其实不是这样。

Layer2 对以太坊的长期影响

近期，随着以太坊的 Gas 费越来越高，很多人都操作不起。之前我做了一个线上调研——就过去 48 小时，你大概在以太坊上花了多少手续费？有好多人说花了 5 万美元以上，我个人也花费了大概 2 万美元以上的手续费。在这样的一个状态下，我就把大量的资产转到了 Layer2 上，因为在其上面的操作费几乎是零。所以相对来说，以太坊现在主链上面的操作成本确实非常高。无论是借贷也好，UniswapV2 的功能也好，其实都会遇到这样的问题。基本上可以确定地说，有很多套解决方案，但就目前行业来讲，Rollup 已经被"V神"钦点为最可行的 Layer2 解决方案，可以看成整个以太坊二层的未来解决方案。

在 Rollup 的方式下，其实也有两套不同的解决方案。一个叫 ZK Rollup，一个叫 Optimistic Rollup。这两个东西网上有大量的讨论，都是技术层面的，我们不去关注。这些技术现在都还没有完全落地，所以短期都很难去体验或者去投资，而且没有币就并不能直接去投资它。其实在这个阶段，我们看到，Layer2 的发展除了是未来最有效的解决方式之外，还有很多短期、即时的解决方案。

比如现在大家看到的 Polygon⊖这样的一个二层解决方案。它之前的名字大家都知道，叫 Matic，后来这个品牌升级了，改成现在的名字。为什么做品牌升级呢？因为它之前只是一个侧链解决方案，而且实际上是一个并不被大家看好的以太坊的扩容主体方法。它涉及很多问题，比如安全性等，但是它在做品牌升级以后，把自己定位成了 Layer2 的一个聚合器，可以支持各种各样二层的解决方案。在它的线路图里面也有很多新的未来，比如说要支持 ZK Rollups，支持 Optimistic Rollups（见图 3-4）。

⊖ Polygon 是一种框架，可用于创建与以太坊兼容的区块链网络和扩展解决方案。它更像是一种协议，而不是单一的解决方案。

第3讲 以太坊二层热点　75

图 3-4　Polygon 二层解决方案

目前来看，Polygon 从数据上显示，基本已经成为很多地方协议首选的二层方案，也是短期应急的一个方案，未来确实很难预测。今天包括 AAVE[⊖]、OpenSea[⊜]一些主流的协议都在 Polygon 上面做了二层的解决方案，数据增长也非常快。

数据上面，Polygon 其实已经开始跟这些 DeFi 的龙头企业以及之前的老牌企业这些协议进行竞争了（见图 3-5 和图 3-6）。Polygon 目前总锁仓值应该已经超过 40 亿美元了，其中在 AAVE 二层的锁仓值是 36 亿美元。

⊖ AAVE 是一个开源的去中心化借贷协议，为用户提供存款和借贷服务。借贷双方用户的存款利率与贷款利率是根据平台借款量和存款量通过算法来计算得到的，并且平台采用 Chainlink 的预言机来保证抵押物价格的公平性。

⊜ OpenSea 是世界上首个也是最大的加密收藏品和非同质化代币的数字市场。可以购买、出售和发现独家数字资产。

DEFI PULSE	Name	Chain	Category	Locked(USD)	1 Day%
1.	Maker	Ethereum	Lending	$15.89B	3.03%
2.	Aave	Ethereum	Lending	$12.24B	8.17%
3.	Compound	Ethereum	Lending	$11.94B	2.98%
4.	Uniswap	Ethereum	DEXes	$8.28B	6.25%
5.	Curve Finance	Ethereum	DEXes	$8.20B	1.37%
6.	InstaDApp	Ethereum	Lending	$5.45B	1.20%
7.	SushiSwap	Ethereum	DEXes	$5.13B	1.72%
8.	Polygon	Ethereum	Payments	$4.70B	4.81%
9.	Liquity	Ethereum	Lending	$4.63B	2.99%
10.	yearn.finance	Ethereum	Assets	$4.38B	1.22%

图 3-5　平台锁仓值数据统计

由图 3-5 可知，最大 DEX 应该是用 Uniswap 的代码重新做的，其上面的锁仓值有 5.5 亿美元。SushiSwap[⊖]是刚签上去的，其锁仓值在 4 亿美元左右。所以会看到这上面的锁仓值其实成长特别快。我已经把很多资金迁移上来了，因为我发现在这上面有大量的新机会，它有点儿像要把去年挖矿的产业重新走一遍。2020 年最火爆的时候，大家疯狂参与各种挖矿，只不过区别在于，那时候在一层，今天在二层。实际上，DEX 的流动性战争刚刚开始。SushiSwap 刚发布了一个 3 000 万美元奖励计划，瞬间吸引了 4 亿美元冲进来。另外还有很多新的协议，有的挖矿年化收益率能到 1 000% 以上。像这些主流的资产，AAVE 的交易对，大概也在 600%～700%（见图 3-7）。

⊖ SushiSwap 是一种称为自动做市商（AMM）的去中心化交易所。它允许用户交易加密货币代币，但没有管理交易的中央机构。相反，SushiSwap 使用数学公式自动设定价格并使用智能合约处理交易。Quickswap 与之类似。

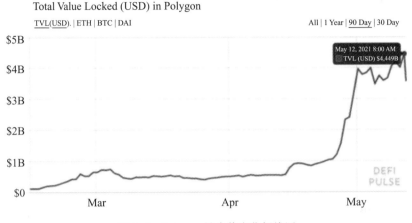

图 3-6　Polygon 锁仓值变化折线图

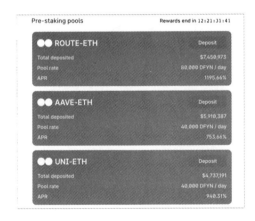

图 3-7　Layer2 的 DEX 流动性竞争

所以，实际上它提供了更多的高回报挖矿机会，而且操作成本几乎为零，这是非常有吸引力的。在这上面大家会更关注这些投资机会，因为挖矿就是一个机会。

二层的很多新产品、新协议，它们的市值相对比较低。如果你能够发现一些未来能跑出来、能做得很好的产品的话，它的确可能有非常大的成长空间。首先考虑的还是流动性，因为有流动性才会有用户愿意去用。所以流动性战争这方面，我觉得二层的DEX应该马上是一个新的热点，大家应该去关注它。这里我也会给大家提供一些像Polygon上面DEX 24小时的交易量数据（见图3-8）。

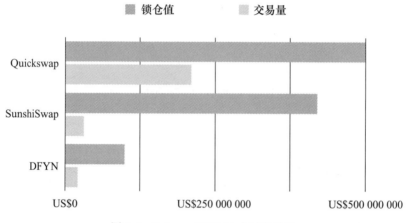

图3-8 Polygon DEX 24小时交易量

大家可以做一个对比。图3-8中最大的交易所叫Quickswap，锁仓值在5亿美元左右，日交易量在1亿～2亿美元。第二大的目前应该是SushiSwap，锁仓值都在4亿美元，但是交易量比较少，在3 000万美元左右。还有最近新上的一个，刚刚发布了几天，但这两三天锁仓值已经有1亿多美元了，交易量大概在2 000万美元。这是DEX情况，实际上，今天我们看到，Layer2有很多解决方案，不光是Rollup的方案，还有Polygon这样的聚合器。

此外，有很多其他项目在不同的解决方案上做。从这种二层的24小时交易量的角度来看，目前Quickswap还是最大的，别的交易所交易量相对比较少，在几百万到几千万美元，总体上没有超过3 000万美元的了（见图3-9）。所以从目前的数据来看，Polygon这样的平台生态，是整个二层里面比较活跃或者相对来说比较占优势的一个生态系统，大家有机会应该参与进去，这里有很多老产品、新产品，应该会有很大的一个机会。

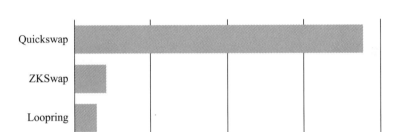

图3-9　Layer2 DEX 24小时交易量

其实，最重要的是，Uniswap这样的老牌项目为什么要选择Optimistic Rollup的解决方案呢？因为它的主网也没有上线，所以我们现在也参与不了。但是我估计应该用不了多久，整个Uniswap的V3出来以后，很重要的一部分也因为在一层上的操作成本确实越来越高，需要二层的解决方案来帮它降低成本，让更多小额的资金也能够参与。有人问，Polygon采用什么样的技术，是侧链还是Rollup？实际上要成为Rollup的聚合器，它会支持各种各样的解决方案，从而把自己定位成一个聚合器，要支持多个Layer 2的解决方案。

技术层面的东西我们不去深入探讨，会特别困难。大家感兴趣的话可以自己去网上找一些资料，比如可以去 Youtube 找。至于能帮助你大概理解最新东西的一些资料，去听他们的团队或者创始人怎么说，做一个比较直观的了解。具体的技术方案我们不去探讨了。它确实是目前非常活跃的一个生态，产品都在往上面迁移，流动性战争也开始了。所以大家应该去体验它，如果你不去用，未来的那些东西还在不断迭代或者改进，甚至还没有上线，因此你是很难有深刻感知的。在目前的阶段哪些产品能用就尽量去用一下，这样可以对这个东西有更深的认知。比如说 Polygon，它目前更多可能是一个侧链技术。我们去用就会发现它确实有问题，因为资金效率会比较低。因为在二层，资金会有比较长的确认时间，时间上就影响了我的资金在一层、二层之间怎么样去协同发挥最大的效率。二层所有的协议今天要重新激发流动性，因为如果流动性不足，大量资产是没有办法做交易的。

只有在使用当中，才能发现问题，才能发现未来需要什么样的解决方案、什么样的认知。还是那句话，春江水暖鸭先知，你必须下到"水"里，才能知道水温的变化，才能知道它未来要往哪个方向去走，这是很重要的。

竞争链 DeFi 的火热

如何看待像 BSC[⊖]这些竞争链？它们现在也在发展 DeFi，而且前

⊖ 币安智能链（Binance Smart Chain，BSC）可以描述为与币安链并行的区块链。与币安链不同的地方在于，BSC 拥有智能合约功能并与以太坊虚拟机（EVM）兼容。这里的设计目标是保持完整币安链的高吞吐量，同时将智能合约引入其生态系统。

一段时间好像特别的活跃、火热。我们来看一下图 3-10 的数据。

Name	Symbol	Chain	1h Change	1d Change	7d Change	TVL ↓
1 MakerDAO	MKR	Ethereum	+0.06%	+7.73%	-	$15.9b
2 AAVE	AAVE	Ethereum	+2.04%	+12.54%	+15.92%	$13.9b
3 Compound	COMP	Ethereum	0%	+6.22%	+20.47%	$11.88b
4 PancakeSwap	CAKE	Binance	0%	-1.46%	+1.20%	$10.34b
5 WBTC	WBTC	Ethereum	+0.11%	+2.13%	+4.06%	$9.89b
6 Curve	CRV	Ethereum	+0.16%	+4.27%	+24.13%	$9.33b
7 Uniswap	UNI	Ethereum	+1.15%	+7.20%	+7.30%	$9.15b
8 Venus	XVS	Binance	+0.07%	+4.79%	+3.09%	$7.2b
9 Bunny	BUNNY	Binance	+0.09%	-1.71%	-11.11%	$6.65b

图 3-10　交易平台锁仓总量排行

从交易量或者锁仓总量来说，以太坊上最大的 Uniswap，其实反而不如币安链、Pancake 的交易量。但是在这儿，我觉得看到的只是一个表象，因为它们之间有非常本质的区别。如果要了解真实数据，有一个方法，那就是看优质资产或者核心资产的锁仓总量。比特币基本上不用对比，大部分跨链比特币基本上锁定在以太坊上。以太币最大锁仓量是在以太坊主链上，约占以太币总供应量的 14%，BSC 上为 7%，Solana 上只有 0.25%，其他链加起来大概是 1.6%。从资产角度对比，真正具有一定规模的实际上只有 BSC，然而 BSC 的核心资产或优质资产锁仓量跟以太坊对比还是不占优。这是从数据中发现的事实。

怎么看待 BSC 或者这些竞争链强调所谓的增长速度更快、费用更低？这个问题其实是需要认真去看待的。当你说更快更低的时候，真实情况到底是什么样的呢？BSC 这几天也拥堵了，想交易也交易不了。之前我们 diss 以太坊的很多话术或者说很多结论根本就站不住脚。你今天快是因为你的用户量太少，当客户的需求急剧扩张的时候，现在的技术方案都是有问题的。所以说，并非更快、更便宜就更好。我们换一个角度去思考一个问题：为什么以太坊越来越贵而数据还会继续增长，还会有那么多人去用？它本身的 Gas 费就是需求和供给的一个函数。供给在一个阶段实际上是有限的，但是需求会快速扩展，这个时候的 Gas 费一定会被拉升。

这个问题其实是一个经济学问题，并不是谁的技术更优。因为以太坊汇聚了全世界最牛的技术人员，今天已经很少有一个生态或一个竞争链的生态会比以太坊吸引更多的技术大拿，所以根本不需要对比。当这些竞争链提供更低的费用或者更快的速度的时候，从严格意义上讲，它们不是去竞争，而是作为一个补充。我们可以把这些竞争链当成一个侧链，DeFi 选择什么样的地方，跟主链价格更低、速度更快没有关系。

DeFi 选择什么样的地方，主要考虑三大因素：第一是资产，有优质的、多样性的资产才能形成金融体系；第二是协议，以太坊 DeFi 生态是需求推动的，行业经过几轮洗礼沉淀下来的资产如何发挥更大效应，催生了相关的 DeFi 协议；第三是工具，今天的以太坊非常成熟，为大量的开发者、新项目提供了方便的工具。

在这样的状态下，千万不要只考虑单一的维度——因为它便宜就进去。便宜不代表什么，2017 年的时候也有很多链很便宜，但是便宜的情况导致了大量的劣币驱逐良币。不是单一的越便宜就越好，这就跟我们的邮件系统一样，今天确实很便宜，结果导致垃圾邮件泛滥。我们的招聘体系也很便宜，因为投简历不需要钱。以前纸质的时候你还要打印，还要去费点心思筛选。现在我们都随便海投，导致效率变得极低，大量的垃圾简历会涌进来。

所以价格只是一个维度，有限的便宜是可以的，不要用单一的维度去看这个问题。在今天我会说，BSC 也好，其他竞争链也好，可能会成为一个有益的补充，让很多资金少的人，或者说是对 DeFi 不熟的人可以以一个低成本去参与到 DeFi 生态里面，先体验 DeFi 带给他的好处，也让更多开发者有一个地方去测试和试错，因为在这上面试错的成本很低。目前在上面发协议也好，发 DeFi 也好，基本上成本很低。今天 BSC 为什么会崩溃？因为它成本太低了，大量的人会在上面发垃圾币，发各种空气币，各种空投，整个市场非常混乱，这些都会让你的需求变得无限大。这个时候你的底层其实是没法支撑的，会导致劣币驱逐良币，好的项目就没办法在上面生存，大量的垃圾项目或骗子项目会逐渐泛滥。

相对来说，在以太坊上做开发，做相关事情的成本还是很高的。比如，你去开发一个流动性的资金池，以太坊上很贵，但是在 BSC 上面可以随便做，不要钱，连一块钱都不用。可以想象，很多人就可以发更多动物币，空投给大家，把这个游戏无限玩下去，最后这个生态就完蛋了。

Uniswap V3：NFT+DeFi 正在擦出的火花

Uniswap V3（简称 V3）于 2021 年 5 月 5 日正式上线，但上线以后好多人看不懂，问要不要去上链，要不要去用它。随后我发了一个微博，鼓励大家去尝试。

Uniswap V3 有一个很大的变化，以前的 LP 代币⊖是 ERC20 的同质化代币，但从 V3 开始变成了非同质化的 NFT，LP 包含很多个性化的参数，如设置的价格区间、费率等。所以 V3 在上线之后，就做了一个非常有意思的功能，即设计了一个卡牌，这个卡牌上还有一些独特的元素，让每张卡牌都不一样，形成了 NFT 收藏品，瞬间大家就疯狂去抢这个卡牌。截至昨天晚上的数据，已有 12 000 多张卡牌生成，即 12 000 多个 LP 参与了 V3 流动性的提供。最独特的卡牌下面会有一个小太阳标志，在玩这个游戏的过程中，又设置了稀缺感（见图 3-11）。可以想一下，这样的 NFT 卡牌未来有没有可能变成一个新的东西，能给整个生态带来什么？

之前 NFT 主题大多围绕数字艺术品和数字收藏品展开，Uniswap V3 意味着金融 NFT 出现了并被大众关注到。其实之前已经有一些项目在做金融 NFT，但一直不是很火，直到现在大家才开始玩起来。从图 3-12 可以看到，LP NFT 的成交价从 0.2ETH 到 1 000ETH。Rariable 平台上有人拍卖其卡牌，价格是 300ETH，是否会成交不得而知，但市场肯定开始要去炒作它。

举个例子，最近有人以一个 ETH 的价格把它的 LP 卡牌卖掉了，这个 LP 背后是他往流动池里锁定了几十万美元。他以为卡牌和资产是脱离的，但实际上资产是包含在卡牌里面的，卡牌卖掉了意味着连同资产一起卖给了别人。

⊖ LP 代币代表了一个交易对的资金池的所有权，可以从这个资金池里按比例提取交易对代币的份额，因此有抵押和映射价值。

图 3-11　Uniswap V3 平台 NFT+DeFi 产品

图 3-12　Rariable 平台拍卖卡牌

如此看来，这样的 NFT 未来价值几何，如今无人知晓，但肯定存在一个炒作空间。大家都知道，曾经的 Uniswap 袜子币，它最初是跟实物绑定的，袜子价值有限，但袜子币最高价达到了 9 万美元，成为币圈的一个有纪念意义或特殊意义的东西。那么卡牌未来会不会变成币圈一个非常重要的收藏品？如果今天不去参与，也许会错过这样的可能性。如果因为手续费太高你不去参与，那你可能会错失很多机会。微信刚刚推公众号出来的时候，我有很多朋友第一时间参与进去了，他们成为了公众号的大V，享受了公众号的红利。如果一个在行业里面非常重要的东西，它推出一些新的功能和新的东西时，你一定要先投入进去。不管怎么样，你投入时间也好，投入精力也好，投入一点点资金也好，这些投入在未来可能会给你带来非常巨大的回报。如果你今天为了节省这几十美元，后面可能会错失更多。

大概去年夏天的时候，我的很多朋友都在中心化交易所交易，不愿意参与去中心化交易所。我当时建议他们试一试，他们就注册了自己的钱包，去Uniswap上面做了一笔交易，买入了当时我在主推的一个产品。之后奇迹就发生了，他们拿到了UNI和FORTH的空投，加起来价值一二十万人民币，多的甚至达到几十万人民币。意外的财富其实是会奖励勇于接受新事物的人。这个领域的早期采用者，一定会享受到行业的红利，这是给大家的一个建议。

至于说NFT和DeFi未来具体会演化成什么样，谁也不知道。NFT和DeFi擦出的火花未来会演化成什么，尚不得而知。但可以肯定的是，Uniswap的做法很聪明。今天它引导流动性已经不需要用代币了，而是以金融NFT卡牌的这种形式吸引用户积极参与。今天V3的资金量已超过100亿美元了。这几天基本上很多交易都是V3支持的，尽管V3很多池子的资金量并没有V2那么深，但是资本利用效率极高，能为用户提供更优的价格。

Gas费高跟Uniswap没关系，虽然说V3可能让它们之间合约的复杂度提升了一点点，会加大一点点的 Gas 费，但是从本质上来说，它对资本利用效率的提升作用太大了，那点儿 Gas 费其实在资本效率面前真的是不值一提。另外一个问题是，今天的 Gas 费，和最近疯狂的动物币其实有很大关系，这需要未来解决，这是以太坊的下一步。以太坊 2.0 正式运行之后一定会有一个解决方案给到我们，包括今天的二层解决方案。所以 Gas 费只是一个阶段性的问题，不要被这个 Gas 费迷惑，忘了整个行业真正有价值的东西是什么。

Meme 概念的火热及其对市场的影响

动物系代币非常火，大量的新人和热钱涌入，是不是意味着牛市就见顶了呢？答案可能是未必，因为顶是很难判断的。但是当市场过热，新人都开始入场时，提高警惕性是必要的。正如巴菲特所说，别人恐惧我贪婪，别人贪婪我恐惧（见图 3-13）。如果说市场开始给我们信号了，这个时候就要相对谨慎一点。

比如我就不会再去大量地买一些小币种，因为它的风险太高了，我会把资产慢慢地转到以太币等更主流的资产上，使我更具备抗风险能力。如果市场能够再给一些信号，我可能会做一些对冲的操作，保证资产的安全性，但是不会在这个阶段就完全把资产都抛了。

从数据面上来看，如今牛市似乎依然会继续，但千万不要认为牛市不见顶，因为没有人说得清楚。如今整个币圈的市值体量已经不小，它已经在泡沫化了，只是泡沫还能继续，至于继续到多大才会破，这是另外一个问题。

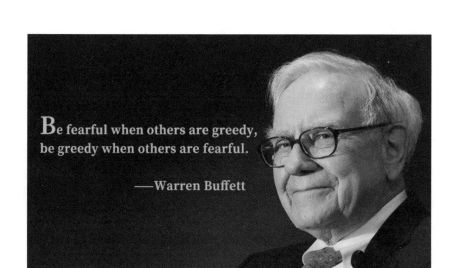

图 3-13 巴菲特的名言警句

今天 DeFi 提供了大量的金融工具，让我们扩大资产效益，降低风险，至少可以运用挖矿的方式，追求 50% 或 80% 的稳定挖矿收益，然后等到下一个熊市的时候再去抄底，这是很好的一个策略。DeFi 是否也会出现第二个夏天，达到一个新的高度？整个行业是快速变化和快速成长的，今天得出的结论可能很快就被打破，我们需要不断去跟随，大家应该多去关注它。

DeFi 这个行业容纳了大量的创新。因为传统的金融也好，互联网金融也好，实际是被严格监管的，是非常难创新的。但整个 DeFi 是非常具备创新力、有朝气的领域，应该多关注。巴菲特说过，资本市场是财富再分配的系统，它将金钱从没有耐心的人转移到富有耐心的人手里。

看这些问题的时候不要静止地或片面地看，要站在整个产业去看。我觉得 DeFi 从大周期来说，它是一个 10 年的大周期，也是一个 10 年的大牛市。但是在 10 年内它有无数的小周期，你能不能耐得住这个寂寞，真正拿住它这 10 年的长周期红利，是很重要的，而不是只关注短期。比如，今天我资产必须长 10 倍、100 倍，这种短视基本上很难保住你的资产。今天可能买了个 Shib，涨了 100 倍、1 000 倍，只是短暂地拥有了这个财富，除非你退出币圈，要不你这些钱还会被下一把"镰刀"割掉。今天投机，偶尔侥幸赚了一点点的钱，不代表什么，因为今年是牛市，有大量的机会。今天在牛市去买那种有话题性的、容易被炒作的东西，确实很容易、很快速地带来财富效应，但是它只能代表一个行业的侧面，不代表行业的主流，它是一个阶段的东西，很快会被大家抛弃。

互动问答

1. 提问：Uniswap V3 上线以后从数据层面看很优秀，但有人认为它的 NFT 会破坏它跟其他 DeFi 的可组合性，对吗？

回答：

数据优秀说明大家很认可，至少 DeFi 的核心用户或者这种早期采用者很认可，因为它确实提高了资本效率。这个市场上用 DeFi 的产品也好，投资也好，投资整个币圈也好，是希望获得更高的回报，资本利用效率是这个行业或者这个产业的"圣杯"。围绕资本效率去做优化、做提升，绝对是最正确的道路，所以它才能成长这么快。比如流动性挖矿，原来是基于 Uniswap 在 Layer2 上做的挖矿即所谓的基地，今天只是换了一个新的方式。挖矿这个产业马上也会随着 V3 的改进进行新的调整，这个产业大概是不断地相互迭代，相互可组合。我有新的创新，你在我上面再做创新，大家不断地创新，越走越高，所以并不是会阻止创新，反而说提供了一些新的可能性。在行业原来的基础上，又提供了新的插件、新的插口，不断地插新的东西，这还是有很多可能的。

2. 提问：NFT 现在已经开始展现出一些潜力，甚至可以把很多动作量化成一个 NFT，会有更多的行业赋能，这是不是 V3 对行业的一个启示点？

回答：

其实我们已经看到很多 DeFi 协议在往这个方向发展。金融的逻辑一定是这样的，刚开始的第一代产品，或者基于这些智能化的金融产品，提供的都是一些通用的非常简单的东西，比如杠杆借贷，是一个非常简单粗暴的产品。但是传统金融里借贷的产品非常复杂，可以优化成不同的层面，有不同风险承担能力的人和不同的利率对应，所以产品的发展方向一定是不断细化的，用户也是分层的。有的人能够承担高风险，要获取高回报；有的人承担不了高风险，就获取中等回报或者低回报。市场正是通过这样的分层来满足不同的用户需求。产品层面也就是协议层面，要不断跟进，所以未来所有理财产品的这种 NFT，它们提供的很多服务都有可能越来越偏个性化。只要偏个性化，就会把个人的很多参数、动作、其他东西都打包在这个 NFT 里，成为一个独特行为的 NFT。真正的 NFT 加 DeFi 会成为整个行业里非常重要的能够推动行业进步的庞大工具或者市场，所以这个方向需要持续关注。今天只是崭露头角，让大家见到了这种可能性。我们现在也创造了一些新的资产，这种卡牌可能未来真的会变成新的资产。

3. 提问：怎么看流出的 Polygon 这样的产品？

回答：

前面我们也分析了一些情况，现在确实很多产品和很多 DeFi 协议都已经选择了 Polygon 作为当前二层的解决方案，这也是一个过渡的方案。其原因在于，在一层上的费用确实太高了，很多交易的高频操作，在一层实际上玩不转了。今天的费用虽然降了很多，但是存一次钱大概仍要花一两千块人民币，所以还是非常高的。如果转到 Polygon 这样的一个二层上，其实比 BSC 更便宜。因为在上面操作，可能几分钱都用不了就做一次操作，完全可以忽略成本，速度也非常快。唯一的问题是，这样加大资金，会不会有安全性。估计在目前的阶段，它快速吸引了几十万美元的锁仓，有大量的新用户，地址增长也非常快，目前作为投资还是非常优质的标的。整个行业在发展，只能根据现在的情况来选择，这个可能会有极大的优势。如果未来有更好的，其实也很容易切换。整个 DeFi 的投资和币圈的投资跟传统投资有很大差别，在这个过程当中可以不断地轻易转换，以极低的成本就把筹码处理掉。这个过程实际上也能赚钱，因为它一直在发展。现在很多产品项目的市值非常低，用户需求也很大，所以还是有很大的投资空间存在，关注 Polygon 的整个生态，去上面做投资。所有的操作一定要去用，才能理解它，观察它的数据成长，不断地跟踪它，才能够获得更多的投资机会。

4. 提问：V3 还可以做吗，还是只做 1 000 之内？

回答：

这个真不好说，实际上我建议大家在 Gas 费低的时候参与一下。NFT 在往越来越专业的方向走，不再是原来那种把资产放进去就不用管了，赔了钱也不知道，赚了也不知道的情况。今天可能需要灵活调配资产配比，包括价格区间。从理论上来说，资本越集中效率越高，以最少的钱能赚更多的钱，把这个区间拉得越开，资本效率越低，所以对 NFT 提出了更高的要求。你操作过了可能更能理解以下操作：第一，设置可能不合理，未来可能需要平衡操作。第二，需要一个很好的管理工具帮这么多 NFT 进行管理。如果资产量很小，单一操作又不专业，可能并不能获得很好的回报，是不是得有管理工具。这些在操作中发现的所有问题，都蕴含着新的商业机会、新的创业机会。如果是懂技术的、懂这个行业的，可以去做相关的创业，如果不会做创业，可以去投这样的项目。去投"痛点"一定会有非常好的回报，所以一定要进入这个市场，才能够真实地了解整个行业的"痛点"，找到真正的产品跟市场契合的东西。要不大家只会听忽悠，比如这个东西的白皮书宣传写得很牛，甚至好像能改变世界。只有当大家都说自己能改变世界的时候，才要看你找不找得出新产品，能不能捕捉到需求痛点，这需要你真正去深入学习。

5. 提问：未来以太坊的最大竞争对手是 DOT 吗？

回答：

这个话题其实不用特别去说，因为就目前来看，以太坊很难在 DeFi 这个领域有直接竞争对手，DOT 更多的是会作为补充，不可能直接竞争。

DeFi 首先需要足够的优质资产，资产是它的基础，所以以太坊失败除非是它自身真正出了大问题。可以亲自参与到以太坊生态，去用它的产品，去体验，去关注，看有没有一些新的东西，或者有没有可能成长并走出自己的路径，看看它是不是更适合 NFT 的方式，它的用户成长数据都可以去观察。今天的投资跟以前不一样，理想产业的发展，本身是变化的，很难有一个定论，有些东西会成为黑马，你不一定看得明白，所以我们不要去讨论它，只要去关注它就好了。觉得好的项目，可以小资金尝试。

6. 提问：Layer2 和侧链之间有什么关系？

回答：

广义上来说，现在很多以太坊可以当成 Layer2 的解决方案，无论是侧链还是那些独立的公链，也包括 BSD，广义上都是它要求的方案，甚至包括未来中心化的这种机构。昨天有一条新闻讲，AAVE 开了一个私有的池子，提供给传统的金融机构来测试 DeFi，这些传统的金融机构未来也会成为以太坊。这个私有池 6 月初会推出一个方案面向用户，特别是会面向很多小白用户，甚至不需要直接跟以太坊交互的用户去做业务。而业务的最终数据流，最后会回到以太坊，所以不要纠结这个是侧链，这不是真的要求。

7. 提问：DeFi 本质上的需求是什么？现阶段是不是一个接棒游戏？现在大家用 DeFi 的一个最主要的原因是有高收益，但是对外，现阶段本身产生经济价值吗？目前 DeFi 的创业项目本质上并没有支持现实的经济互动，是一个零和游戏。那什么时候能走向整合？

回答：

这个问题显示对对手方有深深的质疑和认识上的偏差。DeFi 最初是从哪来的，必须要回到源头。今天以太坊的第一块来自什么？来自最初大家持有的很多资产。2017 年开始好多人参与进来买了大量的资产，确实有一些是很优质的，但它只能放在手里，不能产生任何收益。之前它可以用中心化交易所的一些功能，比如做借贷，但是并不能支持所有资产，大量的长尾资产在手里闲置，并不能产生收益，也不能很好地交易。这个时候才产生了最初 DeFi 的需求，就是长尾资产的交易。中心化交易所不能够提供长尾资产，有些小资产之间没有流动性，想买买不了，想卖卖不掉。因为 Uniswap 用了自动做市商这样的功能，这是一个恒定的乘积公式，用这样的一套方案解决了长尾资产的交易问题，随时可以买卖，不需要对手方。因为中心化交易所需要对手方，没有对手方就不能买卖，所以这是真实的需求驱动的。它成长得很快，是有原因的。

再说借贷，借贷当然是一种真实需求。当你手里只有以太币持有，比特币持有，但作为比特币的长期持有用户不能产生任何收益，除非把它卖了，也就是等着比特币升值到一定程度才可以变现。这个过程中陷入流动性紧缩怎么办？缺钱怎么办？如果我看到更好的机会，想买一点儿新的资产，这个时候需要把比特币抵押出去借贷，借一点儿现金解决现金流紧张的问题，甚至拿来做多一些新的资产，本身来说都是用户的真实需求推动的。所以 DeFi 这个阶段围绕币圈真实的金融需求做了大量的产品创新。虽然表面来说也有很多产品直接模拟了传统金融，但是它诞生了大量原生的金融的东西，比如闪电贷，这是一个典型的币圈产品。这种可组合性是传统金融都不具备的，所以目前有大量 DeFi 被称为金融实验，还处于实验的阶段，并不是要直接去支持现实的经济，而是未来的东西。这个阶段它跟互联网的发展逻辑应该相同。互联网的早期纯虚拟经济体系完善之后，才有可能支持实体经济，这是一个阶段问题。

今天我们看到，DeFi 还处于早期阶段，不用去顾虑这个问题，它当然不是一个零和游戏。以太坊的转账，是一个现实的经济需求，现实的经济目的是成本很低、速度很快。做一次转账当然要支付矿工费，支付通道费，这是一个价值创造的系统，只是在这套系统里还有大量的伪需求，或者，一些骗子项目会鱼龙混杂，行业在早期会充满泡沫。但是没有关系，泡沫破灭之后会留下很多好的东西，留下资金，留下人才，留下用户，如此才能进入下一个阶段。互联网也要经历好几次泡沫，才会看到今天互联网的世界。所以 DeFi 也一样，要经历很多次的泡沫阶段，螺旋式上升。它肯定不全是零和游戏，尽管有部分的确是零和游戏，比如，炒动物币、空气币是零和游戏，不创造任何经济效益。

8. 提问：请问老师，根据您多年的经验，如何判断熊市的征兆？

回答：

实际上，市场走熊是一个过程，不是瞬间就到了，可能要在过程当中补好几个指标，每个人的判断标准可能都不一样，很难直接把握。但真等到熊市非常明确的时候，可能已经晚了，只能说能不能早一点警惕。当大家发现身边的人都贪婪焦急的时候，大妈们都进场了，就要注意了。除此之外，我会看数据，进行相对保守一点儿的操作，保证有该离场的资产就离场了。比如，可能会把本金或者部分利润抽出来，转成稳定币去挖矿，而不会一直放在这些资产上，没有必要让自己处于更高的风险中。代币到底有什么价值，怎么变现呢？目前它有什么价值，一句话来说，你想让它有什么价值，它就可以有什么价值，这是投票决定的。Uniswap 还在初期的发展阶段，尤其涉及强监管问题、怎么规避证券化的问题，这个阶段 Uniswap 的团队为了安全性，没有一上来就把代币加上收益属性。这是个过程，留给未来的持有人去投票决定，所以这个问题是未来的问题，不是现在的问题。当它能支配价值的时候，这时是最大的价值。它比股权、比股票市场买股票更有价值，因为股票只能享受升值收益权，但是这里你是有投票权的。

9. 提问：未来有无抵押的借贷吗？

回答：

币圈因为没有信用体系，没有身份体系，难以建立起足够的信用，这是未来的一个问题。在币圈不是有一个信用产品吗？可以去关注一下，看它把信用怎么样去授权，比如如果在上面有资产，可以把借贷的权利让渡给一个信任的人进行无抵押的借贷，这是一个变通的解决方案。在未来有没有可能真正进入无抵押的借贷体系，这是一个过程。现在整个行业已经在探索，不断降低抵押率。现在都是超额抵押，可能放 10 块钱，只能借出 5 块钱，甚至 3 块钱，这就属于超额抵押的状况。未来抵押率不断地降低，甚至进入无抵押，这是一个过程，是有可能的，但是需要很多东西去完善。比如 Uniswap 卡牌，其实很有用，因为它可以帮你识别用户。如果我是项目方，要找到整个 DeFi 生态里面最资深的用户，这些卡牌的使用者是不是最优质的？整个 DeFi 生态里，当用户开始大量沉淀数据的时候，慢慢地随着行业发展，有可能发展出一套完全不同于传统的信用体系，来进行无抵押借贷。包括今天的 NFT 代币，可能真的有一种方式，如果能够做到足够好，是不需要抵押借贷的。闪电贷本质也是无抵押的，它是一种金融创新，只不过它要求借钱和还钱在一笔订单里完成。所以无抵押借贷用一些变通的方式实现了，但是真正像传统那样的信贷还没办法实现，这是一个基本的问题。整个 DeFi 的创新其实是围绕两个轴线的创新：一个轴线是整个金融，不只是 DeFi 的创新；一个轴线是资产，怎么样找到证券化的新方法。今天这种 NFT 代币变成 NFT 的这个形式，也是一种证券化的方式。这种代币的目的是要提供新的杠杆化方法，让用户在不同的风险程度上，获得不同杠杆的一个放大收益。底层要有更多金融资产，产生更多收益。

10. 提问：人民币会有稳定币吗？

回答：

人民币本身就是稳定币。一个数字货币等于 1 美元或者等于 1 元人民币，它就可以相当于一个稳定币。只要一直维持这样的价格，这方面我们是以现实中的法币作为参照结算的。因为美元或者人民币本身也不稳定，购买力一直在变化，并不是上面说的稳定币，所以只能说能不能有低波动的币。人民币本身是低波动的币。这个稳定币定义是有问题的，名词本身就有问题。

11. 提问：算法稳定币的意义是什么？

回答：

算法其实是一个币圈，就像币圈的永动机，我觉得算法稳定币是一个概念、一个美好的愿景，法币都不稳定，算法稳定币怎么去做一个锚定？所以这是一个愿景而已。现阶段市场属于什么阶段？还在牛市当中，很多 DeFi 预测这一轮牛市以太币可能还得涨，目前来看这一轮指数回调并不是个导火索，而是马斯克发了一条推特说比特币消耗能源的问题，特斯拉不支持比特币了。不知道他们有没有把所有的比特币给卖了，导致了市场的回调。回调是正常的，因为比特币、以太币最近一直在涨，它们本身也需要一次健康的回调，市场才能继续。有人说配合做空，整体来看牛市还没结束是必然的。

插个题外话，整个以太坊未来有没有可能跑出自己的周期，这是大家需要去观察和思考的问题。现在所有的经验还是根据前几次牛市的经验，比特币涨大家跟着涨，比特币跌就跟着跌，比特币熊了打糟全球。未来有没有可能比特币的单价市值超过 1 亿台币，DeFi 能不能跑出自己的独立周期，有自己的牛市和熊市，很难说。因为以前的数字货币需要大家的共识，跟大家的情绪和信心度相关。今天 DeFi 大多数协议是有收益的，是企业的一个逻辑，更像企业的估值。而企业的估值，再熊的熊市，对企业的估值也是有底线的，涨得再高，它的高度也有极限，不会让特斯拉真的上天，也不会让特斯拉真的掉到地上。这样的状况下，牛市和熊市可能会有新的特征。

币价还能不能上去，其实跟供需有很大的关系。以以太坊目前的供需来看，我们看到的是，到 ETH 2.0，以太坊慢慢会走向通缩。通缩意味着供应会减少，需求随着以太坊生态的发展一直在增大，很多大的机构已经在偷偷入场去做，有很多数据都可以支持。以太币目前来说还有很大的成长空间，这个时候走熊需要一个过程。目前的问题是资产太少，有很多资产买不着。

CHAPTER 4 | 第 4 讲

去中心化借贷平台

廖宗湖,中国石油大学(北京)区块链金融研究中心主任

DeFi

大家好，我和汤珂老师2017年开始关注和交流区块链技术对传统金融的改造。这些年我直接参与了一些投资，可以说，2017年4月以来的大部分风口和坑都踩过，也逐渐有了自己的认识和看法。㊀

我最近研究国际社区的Layer2 finance项目，所以对借贷关注比较多。那今天给大家介绍一下DeFi里的借贷之王——AAVE㊁。本讲主要包括四部分：AAVE的一些基本情况、AAVE V2的协议、闪电贷，还有最后一部分清算。

㊀ 本章根据廖宗湖于2021年6月1日在清华大学五道口金融学院讲座内容编纂而成。

㊁ AAVE是一种开源和非保管流动性协议，用于赚取存款和借款资产的利息。

DeFi 生态背景

DeFi 是在 2017 年熊市之后酝酿爆发起来的新趋势，它将数字货币市场从 1 千亿美元推高至 1 万亿美元。我觉得高靖泽对整个区块链 DeFi 做了比较好的科普（见本书第 1 讲内容），而且他的 DeFi 收益做得非常好，我还专门去上海拜访他，向他学习 DeFi。区块链在我看来，越年轻接受度越高，必须要向年轻人学习。区块链技术在不断改变着传统金融，它将传统金融秩序在链上重构，这里包括了创造新的货币、新的可信技术，还有新的金融系统。

这里新的货币包括大家耳熟能详的比特币、以太币、莱特币等。人们对这些数字货币褒贬不一，其实这主要取决于评价人的立场。

对于有些国家来说，需要找到监管的方法，如何从中收税，防止洗钱。在找到之前，这些国家很难说去支持它，典型的有美国。也有一些国家看到数字货币巨大的潜力，比如新加坡和日本，它们的政策就宽松一点儿，这个产业可能在未来改变它们的经济结构和税收来源。

我们国家现在不承认这些数字货币（比特币、以太币）是货币，一般叫作数字商品，和煤炭、原油一样。如果提到数字货币，我国一般专门指数字人民币。另外，我们也支持产生这些币的区块链技术，或者说是支持联盟链。其实，这里有一个非常明显的脱钩。在我看来，整个区块链技术就是由经济模型驱动的，经济模型最基础的就是它的利益分配机制（代币）。只讲技术，不讲经济，有点像买椟还珠，等来的技术是比较被动、滞后的。高盛为代表的华尔街和硅谷的基金在这次以太坊二层浪潮中高歌猛进，但是我们没有什么声音，这是比较可惜的。

其实，经济机制才是区块链技术演化的"永动机"，这些在圈外人眼里很难理解。阿里巴巴创始人曾说过，一个新鲜事物的出现，一般有四个阶段："看不见""看不起""看不懂""来不及"。2017年的牛市我觉得是"看不起"的阶段。而2021年这次的浪潮，比如元宇宙、NFT、Gamefi，属于"看不懂"阶段。那什么时候是"来不及"呢？

我举个例子。国际上认为区块链是国家货币全球化的战略机会。这在当年扎克伯格的听证会上就透露了很多类似的信息，即区块链是法定货币全球化的最佳载体。我在和中国石油大学的校友们讨论时，都会提到一个石油人民币的概念，我们希望能够通过一带一路和油气贸易把人民币全球化。如果真这么做，容易碰到一个问题，美国会对我们封锁制裁，即封你的银行账号。然而区块链不需要账户，这难道不是一个解决问题的思路吗？当然是！扎克伯格要干的，是超越美元的世界元，因此被国会听证了。如果他野心小一点儿，做的是一个超级美元呢？我们中国还有机会吗？那就很难说了。这样的事情当前就在发生，如果我们赶不上，我认为就是宏观层面的"来不及"。区块链作为一种革命性的技术，会产生各种各样类似的"来不及"，所以希望大家能够开放一点儿看待新生事物，不要保守。

新的可信技术，是指公链这种分布式的记账方法，包括老一批经典的公链，如比特币、以太币、门罗币等，它们具有以下几个关键的特征。

第一个特征是不分国别，即世界上各个地方的人都可以通过公链进行交易。你可以想象，现在开通一个国外账户是多么困难，转账一美元有多复杂，但是在区块链上没有这样的问题，而且几十上百万的用户都相互链接。如果在链上部署了新的应用，那么它的市场就大幅度地扩展了，没有任何外汇、国别和身份的限制。

第二个特征是可靠性，即大家敢相信它，敢投资它，我认为这也是区块链最重要的内核。我今天要讲的 AAVE 借贷平台，其实曾和一些商人谈起过，但他们比较抗拒。其实，这里只需要搞懂一个逻辑就可以，即凭什么这样一个平台，能让大家敢把几十亿美元放在上面？一般来说，钱是最聪明的，客户把钱从自己的账户打出去，这是有他的逻辑基础的，越早想清楚的人越早有红利。公链、所有代码可以查证，有机构审核，有机构调研，一切都是公开的。这是区块链最神奇的地方，而这些在现实的金融机构里简直是天方夜谭。

第三个特征是区块链具有激励的经济机制。DeFi 能起来，很重要的一个原因是它把做市商的利润分给了每一个参与者。这种机制其实在 2017 年这一波牛市中出现过。那时有个项目是 Fcoin，因为这个项目采用这种挖矿的经济机制而一夜爆火，成为和币安⊖一样大的交易所。但后面做崩了，这是后话。按高靖泽来讲，就是 DeFi 把

⊖ 币安（Binance）是一家全球性的加密货币交易所，为超过 100 种加密货币提供交易平台。2018 年年初以来，币安声称在交易量方面被认为是全世界最大的加密货币交易所。

数字货币变为了生息资产。这个变化的马太效应很大，一下子激活了市场，链接了华尔街的传统资本，推高了整体市值。

新的金融系统，是指传统金融有的业态，几乎在区块链上都有。

第一个，最典型的就是交易所。早一点儿的中心化交易所有 Bitfinex[⊖]、Bitmex[⊖]、Binance 等；去中心化的交易所有 Uniswap，Sushiswap 等。据《上海期货交易所 2020 年度报告》，上海期货交易所 2020 年交易额 152.80 万亿元人民币。如果按万分之一手续费计算，则可估计其盈利 152 亿元人民币左右。但是币安呢？我列一下网络上查到的资料。

《区块链日报》计算发现：美国最大的加密货币交易所 Coinbase 今年一季度净利润为 7.715 亿美元，日均 857.2 万美元；全球最大的交易所币安一季度利润则是 30 亿美元左右，换算成人民币为 192 亿元，超过腾讯总利润的 40%，日均人民币达 2 亿多元。

可以看到，上期所一年的收入比不上币安一个季度的收入。不过币安在 2017 年 9 月 4 日[⊜]的时候已被我国禁止，据说现在的美国政府在"招安"它，所以这笔账只要是币圈里的人都清楚。当然，区块链不会因此政策受到影响。

第二个是因为 DeFi 起来的借贷市场。传统的借贷市场是银行，

⊖ 它由 iFinex Inc 拥有及营运，其总部设于中国香港，注册地区为英属维尔京群岛。

⊖ 它由 HDR Global Trading Limited 拥有及运营，该公司在塞舌尔群岛注册并在全球设有办事处。Bitmex 由 Arthur Hayes、Ben Delo 和 Samuel Reed 于 2014 年在家人和朋友的资助下创立。

⊜ 2017 年 9 月 4 日，中国人民银行、中共中央网络安全和信息化委员会办公室、工业和信息化部、工商总局、银监会、证监会和保监会七部门联合发布《关于防范代币发行融资风险的公告》，宣布禁止 ICO 新上项目，存量项目要限时清退，即明确禁止任何代币发行融资活动，所有 ICO 代币交易平台都需要在月底前清理关闭交易。

区块链上就是以 Compound、AAVE 为代表的借贷平台，这是今天的重点，具体的信息我后面会详细讲。

第三个是稳定币市场。现在世界上最大的稳定币是 USDT，它和 Bitfinex 是同一帮人做的，之前没有太大的需求。但是"94 政策"禁止了法币后，这么多的数字货币就需要一个定价基础，于是市场上仅有的 USDT 自然而然地成为首选。经过这几年的发展，USDT 发行量到了 500 亿美元，成为市场上最大的赢家。如果后面 USDT 为主的数字美元被美国政府收纳，那么可以说，数字美元将会以另外一种面貌出现，人民币国际化的进程必须要因此提前考虑到不同维度上的挑战。所以无论前面说扎克伯格的 Facebook 想做的 Libra DIEM⊖，还是市场上接受度比较高的 USDT、USDC 等，都是未来可能出现的霸权美元。区块链技术的演化是无国界的，这才是可怕的。

其他金融产品也经过复杂的演化，包括衍生品、预言机⊜等。总体来说，DeFi 利用智能合约让数字资产在区块链网络中重建传统金融秩序，并且互相产生协同效应，其生态丰富，是一个完全的新世

⊖ Libra DIEM 以前称为 Libra，是美国社交媒体公司 Facebook 计划提出的一种基于区块链的许可支付系统。该计划还包括一种作为加密货币实施的私人货币，但货币和网络尚不存在。Facebook 最初计划在 2020 年发布，但到目前只发布了基本的实验代码。

⊜ 区块链外信息写入区块链内的机制，一般称为预言机（Oracle Mechanism）。预言机的功能就是将外界信息写入区块链内，完成区块链与现实世界的数据互通。它允许确定的智能合约对不确定的外部世界做出反应，是智能合约与外部进行数据交互的唯一途径，也是区块链与现实世界进行数据交互的接口。大家会很形象地把公链比作操作系统，DApp 类比 App，那么预言机可以形象地比作 API 接口（API 是一组定义、程序及协议的集合，通过 API 接口实现计算机软件之间的相互通信）。这个类比虽然不十分准确，但预言机正是扮演这样的角色。预言机是区块链和现实世界之间的纽带，是可以实现数据互通的工具。

界。它覆盖了量化、做市、借贷、保险、债券、基金、审计、清算、衍生品、ETF、交易所、结算等。它的发展不会因为人们的无视、无知而转移。

AAVE 基本情况

现在介绍一下 AAVE 的基本情况。AAVE 是成立于英国的一家区块链公司，之前叫作 ETHlend，一开始就是做借贷的。在 DeFi 起来之前，它一直没做得很好，直到去年这个风口起来后，就改名为 AAVE，AAVE 是芬兰语幽灵的意思。AAVE 和 ETHlend 有什么不同呢？ETHlend 采取链上 P2P 点对点的借贷模式，借款人和贷款人一一对应。而 AAVE 创新性地将其改为流动资金池的模式，就是把所有的钱放在一个池子统一管理。这个小小的改变加上 DeFi 的经济激励机制，一下子让它的业绩爆发，并在一年多时间里做到了 204 亿美元，非常了不起。

AAVE 的老板叫 Stani，是个中国通。这里我列出了他的两个观点。

"China plays an important role in the global DeFi ecosystem and remains a key market for our long-term success. ... China has a massive user base that will bring liquidity, volume, and more innovation to global markets for greater growth potential."

这是第一个观点，说明他对中国的市场能量真是非常了解，也非常关注。世界的市场就在中国，哪怕数字货币的市场也是在中国。"94 政策"后很多人认为中国市场没了，其实不是这样的。虽然现在都是在国外交易，但是大部分的交易者和持币者还是中国人。这里有两个原因：第一个是中国人有余钱，美国人以刷信用卡者为多；第二个是中国人的投资需求大。

Stani 第二个观点是：

"The biggest advantages of DeFi is that its permissionless to participate（no KYC，credit score，etc.），same rules apply to everyone."

简单来说就是，区块链不需要身份核验就可以有数字银行账户，在区块链上大家都是一样的。链上的银行不会因为钱少而拒绝你，也不会因为钱多而优待你，这是前面提到过的区块链的可信内核。

我们来看看 AAVE（官网是 AAVE.com）的表现。AAVE V2 现在在币市排名第 28，锁仓值达 70 亿美元，市值 48 亿美元（见图 4-1），代币地址是 0x7fc66500c84a76ad7e9c93437bfc5ac33e2ddae9。

大家再看一下它的市值增长曲线（见图 4-2），横轴是时间轴，纵轴是市值轴，单位是 10 亿美元，曲线代表市值起伏。可以看到，不到一年，它从接近于零增长到最高 80 亿美元左右，目前大概在 40 多亿美元。它在细分行业里排在第二名，第一名的是 Compound，第三名的是 Maker DAO，这是当前数字货币里的三大"银行"。这里，AAVE 的用户不仅仅是用户，还是其投资者，相当于银行的股东。这时候大家应该慢慢有所感受了，区块链的企业和传统银行有很多不同的地方。它的估值、股东（币东）和成长轨迹，都不尽相同。

#	名字	链	分类	锁仓值 ⇅	今日变化 ⇅
	Compound	Ethereum	借贷	$7.6B	+5.35%
	Aave V2	Ethereum	借贷	$7.0B	+6.87%
	Maker	Ethereum	借贷	$6.8B	+0.70%

图 4-1　AAVE 的排名（单位：10 亿美元）

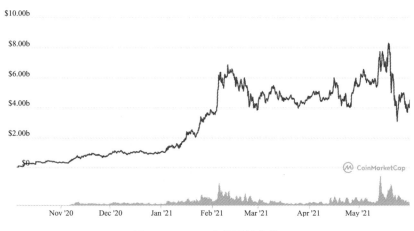

图 4-2　AAVE 市值增长曲线

衡量一个区块链借贷平台,还有一个重要的指标是锁仓值 TVL（Total Volume Locked）。存款用户将各种平台所接受的数字货币存到 AAVE 获取利息,那么这些数字货币会被锁定在 AAVE 框架下的智能合约,这些数字货币锁定的总额就是锁仓值。因为用户可以自由存取,链上的数据也是公开的,所以有专门的公司在做信息服务,公布锁仓值。图 4-2 也显示了 AAVE 平台锁仓值随时间的变化。由于 AAVE 在 V1 版本基础上进行了改进,因此出现了 V2 版本。但是智能合约出现了,就无法改动,所以还有很多的老用户没有从 V1 迁移到 V2。现在还出现了 V3,就是 Polygon 链上的版本。总体可以看出,AAVE 的锁仓值随时间的变化,是和它的市值直接挂钩的。所以说 AAVE 非常合理,没有太多水分,一切公开,面向全世界。只要钱够多,谁都可以随时成为最大的股东,也可以随时退出来,不需要合同,没有烦琐的法律程序,而这一切靠程序代码。

AAVE借贷的协议框架

现在介绍一下AAVE V2的智能合约框架（见图4-3和图4-4）。前面提到，AAVE创新性地将点对点借贷模式改进为资金池子的模式。AAVE是去中心化借贷协议，用户可以使用它赚取存款利息或借入资产。一边是存款用户，一边是贷款用户，中间是整个资金池子的管理。具体可以划分为：

- 存款方（Despositors）：可以将代币存入AAVE资产池，获得利息收入。
- 贷款方（Borrowers）：可以通过超额抵押资产或无抵押（闪电贷）方式，从资金池中贷出加密货币，并为之支付一定的利息费用。
- 价格预言机（Price Oracle）：提供贷款利率信息。
- 清算方（Collateral Liquidators）：当抵押资产价值下跌达到清算线时，进行资产清算。
- 集成应用程序（Integrated Applications）

今天我们主要关注头寸管理（collateral manager）、闪电贷（flashloan）和清算（liquidate）。先讲头寸管理，这里利率的问题是核心。担保的抵押率LTV（Loan-to-Value）应该是多少？年化的存款利率（Deposit APY）应该是多少？年化浮动利率贷款⊖（Variable Borrow APR）和年化固定利率贷款⊖（Stable Borrow APR）的利率各应该是多少？这些都属于AAVE平台需要考量的利率策略。

⊖ 浮动利率贷款是指未偿还余额的利率随市场利率变化而变化的贷款。浮动利率贷款的利息与基础基准或指数相关，例如联邦基金利率。我们可以在抵押贷款、信用卡、个人贷款、衍生品和公司债券中找到可变利率。

⊖ 固定利率贷款是贷款利率在整个贷款期限内保持不变的贷款。无论市场利率如何变化，贷款者的付款在整个期限内保持不变。

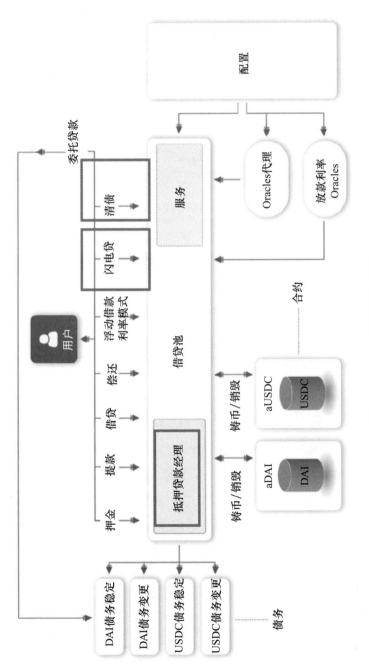

图 4-3 AAVE V2 智能合约架构图

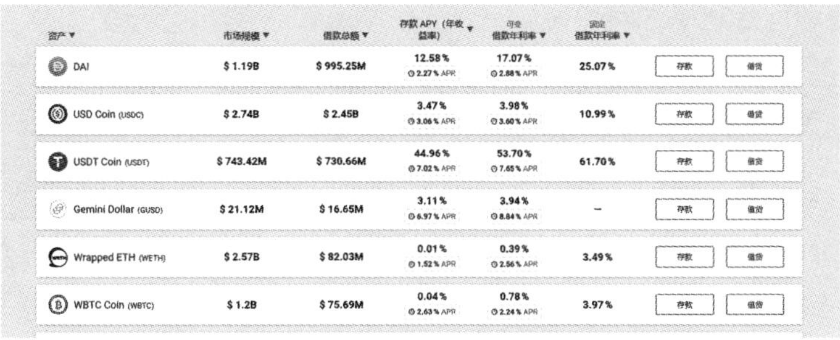

资产	市场规模	借款总额	存款 APY（年收益率）	可变借款年利率	固定借款年利率		
DAI	$1.19B	$995.25M	12.58% 2.27% APR	17.07% 2.88% APR	25.07%	存款	借贷
USD Coin (USDC)	$2.74B	$2.45B	3.47% 3.06% APR	3.98% 3.60% APR	10.99%	存款	借贷
USDT Coin (USDT)	$743.42M	$730.66M	44.96% 7.02% APR	53.70% 7.65% APR	61.70%	存款	借贷
Gemini Dollar (GUSD)	$21.12M	$16.65M	3.11% 6.97% APR	3.94% 8.84% APR	—	存款	借贷
Wrapped ETH (WETH)	$2.57B	$82.03M	0.01% 1.52% APR	0.39% 2.56% APR	3.49%	存款	借贷
WBTC Coin (WBTC)	$1.2B	$75.25M	0.04% 2.63% APR	0.78% 2.24% APR	3.97%	存款	借贷

图 4-4　AAVE 借贷平台在 Polygon 上的界面

AAVE 的代码中并没有某个币种存款年收益率这样的变量，只配置了借款年利率（对于可变借款模式来说配置的是基础利率；对于固定借款模式来说依赖 Rate Oracle 来提供）。图 4-5 显示了智能合约里设置的借款利率的曲线。

当对特定资产借贷的需求增加时，利率模型会为储户带来更多收入，同时会减少总的可用流动资金，这是 AAVE 当前的利率模型。当借款需求增加且贷款矿池利用率达到一定阈值时，通常利率会开始迅速增加。我们可以看到，当资金池子同一个币种金额被借到接近 90% 的时候，借款利率是飙升的。因为利率上升，会阻止用户进一步借款；同时存款利率会随着借款利率上升，促进用户存款。利率模型本质上反映资产矿池中可用流动性与借贷需求之间的关系。这种利率模型在各个平台广为采用。

稳定利率（average stable rate）在短期内充当固定利率，但在长期内可以根据市场状况的变化进行重新平衡。可变利率（variable rate）是基于 AAVE 中的报价和需求的费率。正如其名称所示，稳定利率将保持相当的稳定性，并且是计划借款者必须支付多少利息的最佳选择。可变利率会随着时间的推移而变化，并且可能是取决于市场条件的最佳利率。我们可以随时通过仪表板（dashboard）在稳定利率和可变利率之间切换。

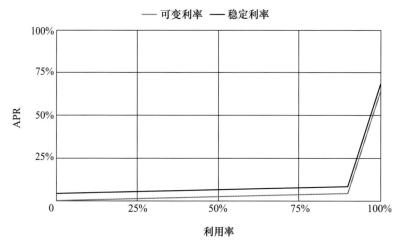

图 4-5　AAVE 平台 USDT 借款利率的曲线

注：

$$\text{If } U < U_{\text{optimal}}: \quad R_t = R_0 + \frac{U_t}{U_{\text{optimal}}} \cdot R_{\text{slope1}};$$

$$\text{If } U \geqslant U_{\text{optimal}}: \quad R_t = R_0 + R_{\text{slope1}} + \frac{U_t - U_{\text{optimal}}}{1 - U_{\text{optimal}}} \cdot R_{\text{slope2}};$$

$$D_t = U_t (SB_t \cdot S_t + VB_t \cdot V_t)(1 - R_t)$$

其中

U_t utilisation ratio　资金池（流动性池）某个币种的被借出率

SB_t share of stable borrows　固定利率贷款的份额

VB_t share of variable borrows　浮动利率贷款的份额

S_t average stable rate　年化固定贷款利率

V_t variable rate　年化浮动贷款利率

R_t reserve factor　储备因子（准备金系数）㊀

D_t Deposit APY　存款利率

㊀ AAVE 的总供应量为 1 600 万枚，其中 1 300 万枚可供 LEND 持有者赎回，比例为每 1 个 AAVE 100 LEND，剩余的 300 万枚将分配给 AAVE Reserve 并由 AAVE 代币持有者控制，以激励 AAVE 生态系统的增长和发展。储备因子将协议利益的一部分分配给收集者合约，作为生态系统的储备。该储备金是 V2 的新增内容，用于维持 DAO 和支付协议贡献者。它由包括 AAVE 在内的各种资产组成。储备因子也是风险溢价，因此它是根据资产的整体风险进行校准的。稳定币是风险较小的资产，准备金系数较低，而波动性资产的风险较高，系数较高。

由于存款收益率来源于借款利率，两者之间的利差是由于利息累积的计算方式的不同产生的。存款收益采用单利计算，借款利息采用复利计算。

假如，从 LendingPool 中借走 100 个 ETH，借款年利率是 10%，借期 5 年，采用单利计算的利息是：

$$100 \times 0.1 \times 5 = 50$$

而采用复利计算的利息是：

$$100 \times [(1+0.1)^5 - 1] \doteq 61$$

按这个策略操作下来，AAVE 的收益是很可观的。由于不同的借贷平台具有不同的流动性和借款情况，因此各个平台都出现了巨大的利率套利机会，因此出现了很多的金融服务公司进行利差套利，这是衍生出来的另外一个话题。通过上述的利率曲线，AAVE 借贷平台通过智能合约约定了存贷双方的利率与平衡。

神奇的闪电贷

现在说一下 AAVE 闪电贷。什么是闪电贷？这是指在一个区块交易中，同时完成借款和还款操作这两个操作，无须抵押任何资产，只支付手续费即可，这样的贷款称为闪电贷。有关区块和 TPS 的概念可以查看本书第 5 讲中的介绍。

用户在借款之后，可以利用借到的资产进行其他操作，比如套利、偿还抵押借款、自清算等操作。在交易结束的时候，用户只要把借到的款项及手续费及时归还就可以，否则该笔交易就会"回滚"，就像什么也没有发生过一样。闪电贷的存在具有其特殊性，需要具备如下条件：

（1）需要有借贷的智能合约；

（2）智能合约所在的公链新区块出块具有一定的时间差。

在比特币上，这个时间间隔大概是10分钟；在以太坊上，大概是15秒左右，AAVE闪电贷就是在这15秒内进行的，这相当于一个黑科技了。这个黑科技一出来，就成了程序员们手中的利器，因为闪电贷提供了理论上无限低成本的资金，这些资金又可以用来做套利、做市等。但是，调用闪电贷还是很有难度的，没有一些编程基础实现不了。我自己也调试了好久才可以，尤其在二层上的调试难度更大。

现在，据Huobi Ventures的报告（见图4-6），在Uniswap V2上发生的闪电贷交易比例一直维持在60%左右，甚至最高曾接近90%。但在AAVE V2上线之后，AAVE V2瓜分了部分闪电贷交易市场。目前闪电贷市场交易频次大致稳定在Uniswap V2占七成，AAVE占二成，dYdX占一成，但是最近AAVE的份额比这个统计数据要大得多。

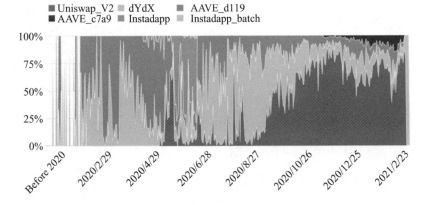

图4-6 闪电贷交易比例时间分布图

资料来源：Etherscan.io, Huobi DeFi Labs。

那么闪电贷有风险吗？有的。借款人的风险是：如果无法在一个区块内偿还借款和费用，系统就会回滚交易⊖，让你的这笔借款作废，系统并不会追究无法还款的违约责任，借款人损失手续费。所以手续费损失就是借款人的风险，因此对借款额给了一个上限。但是好像现在也有平台为了引流，提供不用手续费的闪电贷。对于平台来讲它是不承担风险的，如果借款人不偿还借款，交易会回滚，此时平台还可以获得一笔手续费。

对于 AAVE 来说，它聪明地和用户分享了闪电贷上的利益。闪电贷收取的 0.09% 费用按图 4-7 的方式进行分成：70% 作为储户的额外收入，30% 归属于平台。归属平台的这部分拿出 80% 回购自家的币进行销毁；20% 用于奖励给提供 AAVE 闪电贷服务的集成商。在这里你可以看到，区块链平台的经济模型可以说是做得非常无私。

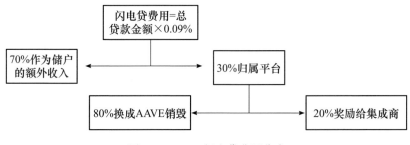

图 4-7　AAVE 闪电贷费用分成

有了这个工具，可以实现非常多的功能。

⊖ 回滚交易就是中心服务器规定某种币的某种数据是对的，其他的都是错误的。一旦这种币的客户端接收到这样的信息，那么无论服务器发送给你的数据包是否正确，都会按照这种数据来执行。简单说，就是用户在交易所已经完成了交易，却因为各种原因，交易所把交易又强制恢复到了原来的状态。

第一个是抵押物替换。先前你存在借贷平台做抵押的币是 ETH，现在想换为 BAT，要怎么办？操作步骤如下（见图4-8）：

（1）先向 AAVE 协议借出 DAI；

（2）用借来的 DAI 偿还 MakerDAO 库中的贷款；

（3）提取你的 ETH；

（4）在 Uniswap 上将你的 ETH 换成 BAT；

（5）将换来的 BAT 作为 MakerDAO 的抵押品；

（6）用抵押的 BAT，借出 DAI；

（7）用从 MakerDAO 库上借来的 DAI，向 AAVE 偿还借出的 DAI。

图4-8　抵押物替换的流程图

资料来源：https://blog.csdn.net/strongsailor45/article/details/112918633。

第二个是通过闪电贷进行多平台套利。假设 Uniswap 和 Curve[○]

○ Curve 是一种软件，它使用多种加密货币来运行专注于稳定币（编程为模仿其他资产的加密货币）的自动化做市服务。作为基于以太坊的众多新兴去中心化金融（DeFi）协议之一，Curve 不使用中央订单簿来促进交易，而是使用用户提供的加密货币池来促进交易，而用户又可以通过他们的存款赚取费用。与 Uniswap 或 Balancer 一样，Curve 为加密货币用户提供了一种通过其资产赚取费用的方式，同时让交易者以可能更优惠的价格买卖这些资产。

之间的 DAI/USDC 币对池存在价格差异，可以在 Curve 上用 1 个 DAI 换取 1 个 USDC，但在 Uniswap 上只需要 0.99 个 DAI 就可以买到 1 个 USDC。你想通过做量的方式进行套利，应该怎么做呢？操作步骤如下（见图 4-9）：

（1）通过 AAVE 的闪电贷借到 100 000 个 DAI；

（2）在 Uniswap 上将 100 000 个 DAI 换成 USDC，收到 101 010 个 USDC；

（3）在 Curve 上将 101 010 个 USDC 换成 101 010 个 DAI；

（4）向 AAVE 偿还借款 100 000 个 DAI，以及 0.09% 的手续费 90 个 DAI，共 100 090 个 DAI；

则本次获利：101 010–100 090=920，这 920 个 DAI 就是本次套利的获利金额。

第三个是做市。大家应该也注意到了闪电贷的几个特点：一是无限资金；二是 AMM 的可操控性；三是 AMM 预言机的滞后性。现在细细琢磨这些特点，可以发现很多空间，这也是目前市面上很多黑客关注的点。大量采用闪电贷的结果是市面上出现了很多黑客新闻：

"5 月，DeFi 安全事故频发。据统计，约有 15 个项目遭到黑客攻击，包括 Belt Finance、BurgerSwap、Julswap、Merlin、AutoShark Finance、Bogged Finance、Pancake Bunnny、Venus、FinNexus、bEarn Fi、EOS Nation、xToken、Rari Capital、Value DeFi、Spartan，涉及资金损失近 3 亿美元。值得注意的是，在如此多的攻击中，BSC 上的 DeFi 项目貌似成了黑客的集中攻击点，而闪电贷则是黑客主要的攻击手段"。

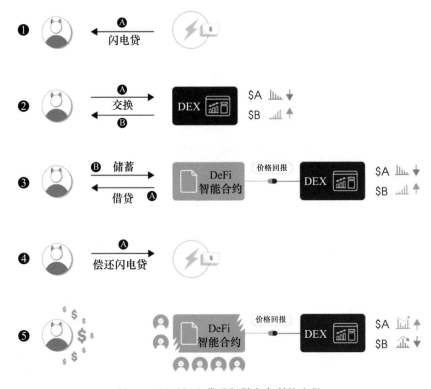

图 4-9 通过闪电贷进行做市套利的流程

其实，我认为这更像是提供给检验智能合约代码的一个工具。有意思的是，闪电贷帮助链接了整个 DeFi 生态。据火币网统计，被调用的 DeFi 协议平台中调用次数达上万的协议有：

- Sushiswap（>2.4 万次）
- Uniswap V2（>2.1 万次）
- Balancer（>1.2 万次）
- Compound（>1.0 万次）

大家可以感受一下各个主流合约之间因为闪电贷而产生的交互关系（见图 4-10）。金融讲究的就是效率，闪电贷加快了数字货币流通的效率和价格发现，是各个主流合约间的润滑剂。所以说从这个角度看，黑客事件不是闪电贷的错，而是在于自身合约有漏洞，因而受到攻击。

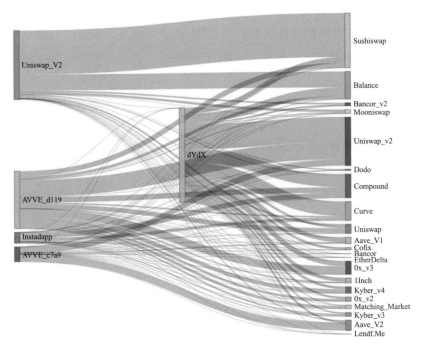

图 4-10　闪电贷和各个平台的交互关系

资料来源：火币网。

最后总结一下闪电贷。闪电贷是一个神奇的新发现，它的本质是其具有原子性，即将之前借贷需要的抵押品变成了操作能力，只需要在 15 秒之内完成借款，放入其他 DeFi 协议并获得收益，之后需要能够及时还款和支付手续费。AAVE 的闪电贷不仅为有技术的人降低了参与 DeFi 活动的门槛，它也是一个区块链世界里的新技术、新事物，其未来可期。

借贷里的清算

最后是关于清算。任何头寸的管理，或者说资金池的管理，都需要保证贷款的健康度。银行不能亏本，不然这个模式成长不了，也玩不下去。在智能合约里，以 ETH 借贷为例，贷款头寸的安全受下面公式约束：

$$H_f = \frac{总担保\ ETH \times L_Q^a}{总借贷\ ETH + 总\ ETH\ 费用}$$

这里 L 是资产的流动性阈值，H_f 需要保证大于 1，否则就是资不抵债，需要清算。

AAVE 给每项资产或者账户都设置了两个动态函数：LTV（Loan-to-Value）和 LiquidityThreshold。LTV 是指资产的借贷能力。LiquidityThreshold 是指资产对债务的担保能力。合约里需要实时保证 LTV 小于 LiquidityThreshold。

在出现清算情况时，最多能清算掉用户或者债务人 50% 的债务。这里有个优先级，优先清算可变利率的贷款，然后再清算固定利率贷款。这个清算并不是通过 AAVE 平台自己完成的，而是通过一种机制，使清算能得到一定的奖励。在 AAVE 中，每种资产都有一个 LiquidationBonus 属性，比如 LiquidationBonus=105%，即清算价值 100 个 ETH 的债务将能得到价值 105 个 ETH 的抵押品资产，清算收益为 5%。这样每个人都可以当清算者，参与清算，保证资产的流动性。有一些套利用户，就可以直接写程序来参与这个清算，获得平台规定的清算收益。

这里有个很重要的问题就是价格。清算需要参考价格，但是数字货币的市场波动性很大，怎么办？AAVE采用的是Chainlink的喂价机制。Chainlink是一家做预言机的头部公司。其实，这个价格是有问题的。我这里放了对比图（见图4-11），大家可以看一下是什么问题。是的，价格具有滞后性。但是不论怎么样，这个东西还是转起来了。

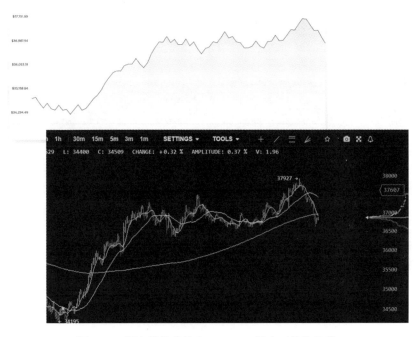

图4-11　预言机的价格和Bitstamp的实时价格比较

借贷的一个本质是为市场提供杠杆。用户存数字货币，不论借什么币出来，大部分要回流到市场，增持看好的币种或者做些投资。有杠杆就有爆雷，因此每次市场波动大的时候，市场暴跌的时候，就会出现用户爆仓或者借贷平台的清算事件。

下面是从AAVEWATCH截取的数据（见图4-12），可以看到，清算总额是在不断增加的。5·19暴跌的当天，单个比特币暴跌13 000美元左右，但并没有对系统产生威胁。这里的清算量达到2 500万美元左右，也并不是很大。借贷平台经受了几波考验，因此以后的进一步发展应该问题不大。与传统金融相比，区块链借贷平台的透明度和可信度具有不可比拟的优势，区块链平台中，再小的仓位，如果清算点到了也会被及时清算。在现实金融机构里，各种造假积累的风险可能形成的"次贷危机"，在区块链里反倒不容易存在。

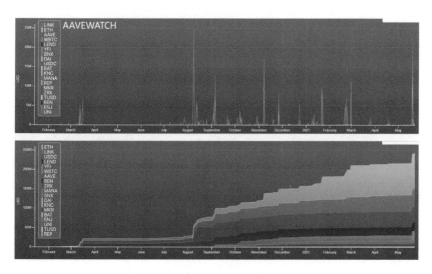

图4-12　AAVEWATCH上清算的监测

AAVE未来的发展方向

那么AAVE未来的发展方向呢？我觉得主要有以下几个。

（1）长尾[○]市场。目前市场上的币有 1 万多种，真正能进入几个主流借贷市场的，不多。因此，基于不同公链类型，或者币种，衡量好相应的流动性和风险，长尾币是有很大市场的。我觉得 NFT 和 Gamefi 里的一些比较好的品种，也可以归于这一类型。

（2）结合金融平台，设计好的金融产品。借贷平台实施动态利率，以致出现了很多套利的机会和空间，尤其是在某项资产使用率达到 80%～90% 的时候，不论是存储还是借贷的利率，都会大幅增加，这样的机会是需要系统观测才能捕捉的。YFI 等金融平台就做这样的服务，但是仍然有很多别的机会，比如把清算打包成金融产品等。另外就是如何做好杠杆的设计以使在挖矿的过程中收益最大化，这也是一个研究方向。

（3）二层的出现导致各种侧链和二层解决方案出现了孤岛现象。也就是说，各个协议上的借贷并不能互通，这就造成了区块链流动性的碎片化。如何弥合这样的借贷资产和流动性的碎片，也是一个比较好的研究方向。

（4）针对闪电贷做对冲也是潜在的机会。但是比较容易被误会成黑客，容易被诟病。

最后，总结这一讲中四个比较主要的结论。

第一，AAVE 去中心化借贷协议实现了资金池模式的去中心化借贷功能，成为世界上数一数二的"区块链银行"。

第二，AAVE Protocol 主要包括下面几个主要模块：Despositors

○ "长尾"用来描述一种商业现象，指原来不受重视的销量小但种类多的产品或服务，由于总量巨大，累积起来的总收益超过主流产品的现象。这些"长尾"的需求一般是个性化、分散化广泛存在的，长尾所涉及的冷门产品几乎涵盖了各类人的需求。

（存款方）、Borrowers（贷款方）、Price Oracle（价格预言机）、Collateral Liquidators（清算方）、Integrated Applications（集成应用程序）。

第三，闪电贷的新现象。Flashloan 是原子化的神奇借贷交易，也是 DeFi 风险源之一。

第四，清算降低了平台的风险，可以规避次贷危机，但需要改进的空间也不少。借贷市场里也存在一些项目机会。

CHAPTER 5
第 5 讲

以太坊 Layer2 的竞争格局及趋势

陈昶吾，imToken Labs 负责人

DeFi

本讲分四个阶段，主要针对二层方案来介绍，然后进行协议的一些比较，包含协议一些新的进展以及未来的方向（主要会偏向面对开发者）。就是说，虽然整个生态里面二层方案百花齐放，有非常多的解决方案，大家觉得项目很多，但是我们到底要怎么样去选择一个好的技术方案作为我们最终落地应用的技术呢？其实我们会遇到很多取舍或者选择，这里跟大家介绍一下我们自己在看二层方案里这些协议的一些技术上的分析。[一]

[一] 本章根据陈昶吾 2021 年 6 月 15 日在巴比特的讲座编纂而成。

以太坊扩容技术方案背景

在开始谈二层网络前,我们先用比较抽象的方式来跟大家谈一下目前以太坊上的一些扩容技术方案。

以太坊第一个要解决的问题就是扩容,我们从图 5-1 中可以看到扩容分为两个类别:一类是怎么在链上去实现扩容方案,另一类是怎么在链下去实现扩容方案。

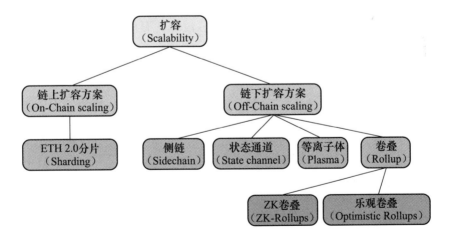

图 5-1 扩容方案分类

目前,在链上扩容的部分主要依赖于现在的 ETH 2.0,即主要依靠分片这样的技术来帮助我们解决以太坊现在面对的问题。我们知道，以太坊网络的交易一旦过多，就开始阻塞，造成手续费过高，因此今天我们更多的是聚焦在链下的这些扩容方案上。原因在于，现在链上的扩容方案，特别是 ETH 2.0 的部分，它整体的路线图比较长，可能未来几年后才会实现。所以在往 ETH 2.0 这个方向前进的时候，作为一个短期或者中长期的解决方案，我们也没有什么其他替代的方式。这里就回应了之前小 V 也提到的，在往 ETH 2.0 前进的路上，二层网络特别是 Rollups 的解决方案可以作为短期或中长期的一个替代品。

今天我们主要谈链下的扩容方案，我会从历史比较的角度跟大家讲一下，包括侧链、状态通道、Plasma 网络等内容的比较。从以前到现在的每一种技术方案的演进历程可以看到，现在为什么会有这些趋势，而且到底是哪些东西改进了，然后你才会明确如何去取舍以及如何把握你在应用方面的那些设计。

这里先简单聊一下分片技术。它是把现有的区块链，即我们想在一层网络上的这个部分分散在不同的分片⊖。不同的分片就代表我的交易可以在不同的分片里被处理。当每个分片都处理一部分交易后，它们最终再一起聚合到主网上，这就是分片的原理（见图 5-2）。

打个比方，分片技术就类似将 CPU 平行化，即把工作分配给不同的 CPU 去做，以此来提高整体的网络效率。当然，分片不是我们

⊖ 数据库分片，或简称分片，是数据库或搜索引擎中数据的水平分区。每个分片都保存在一个单独的数据库服务器实例上，以分散负载。数据库中的某些数据仍然存在于所有分片中，但有些数据仅出现在单个分片中，每个分片（或服务器）充当此数据子集的单一来源。

今天的重点，下面主要谈的是链下的扩容方案，我们会每个项目都介绍。

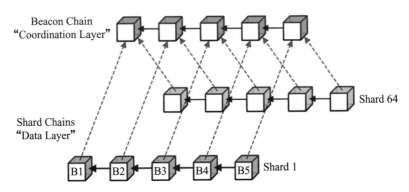

图 5-2　分片的原理示意图

2015～2016 年侧链方案

侧链的提出

早在 2015～2016 年的时候，比特币社区其实就是一个流行概念，或者说是一种叫作侧链的方案。比特币一开始主要用来做支付，但要实现类似智能合约的功能相对困难，因为它必须用比特币特有的一些脚本才有办法去实现。所以那时候，人们就提出一种侧链的概念，旨在实现一个有自己共识算法的侧链，然后把智能合约或是其他应用搬到侧链这个网络上去实现或者运行。

那这样做的好处是什么？其好处在于不需要去跟踪原来的比特币，或者不需要去跟踪原来比特币的系统，但是可以把比特币的系统延伸到侧链，然后让它有更多一些的功能可以被实现。同样地，在以太坊上也可以有侧链，也可以达成侧链。这种方案就叫作侧链的解决方案。

侧链的安全隐患

侧链到底好还是不好，其实最主要的一点在于，侧链的安全性是由侧链的共识算法来保证的。

图 5-3 显示了侧链与以太坊之间的桥梁，其中左边是以太坊，右边是侧链。在侧链的共识算法上，每一条侧链都有自己的共识。那如果说你的共识不是去中心化的而是中心化的，其实在一定程度上反映了这条侧链的安全性问题。虽然说侧链跟以太坊之间有一个桥梁，可以互通，但是关于侧链，我要跟大家提醒一点，它的共识算法是它自己的，所以说它的数据、交易、一些产物或者证明，都是要靠在侧链这条网络上的共识算法来保障。那这个时候，侧链的安全性就会变成以太坊的短板，也就是说，如果以太坊可以把自己的资产转移到侧链，虽然一开始黑客没有办法在以太坊上去攻破以太坊网络，但当侧链安全性不足的时候，资产转移到侧链后就会受到威胁。这就是侧链被提出来之后，社区的一些看法。

现在网络上的侧链主要有哪些？目前看主要有 xDai 和 POA Network 这两个项目，我们现在看到的币安链，其实也是侧链的一种。就币安智能链来讲，它其实有自己的节点，整个共识是由币安自己的节点自行来完成，资产的安全性也完全依赖于这些节点或者背后的共识算法，这就是侧链。那好处是什么？就是如果侧链上节点数目变少，或者说比较中心化的时候，其实项目就可以得到一定效能上的提升。因为不需要每一笔交易、每一个区块都分散给所有的节点去做验证。总的来说，在侧链方案上，需要在它的安全性和效率之间做一些取舍。

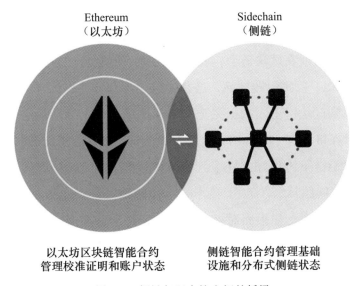

图 5-3　侧链与以太坊之间的桥梁

2017～2018 年状态通道

闪电网络与状态通道

状态通道在 2017～2018 年才被提出，这样的方案其实也是借鉴了以前比特币闪电网络的部分。

闪电网络也有所谓的通道概念，其做法就是看它是否能把部分要执行的交易给挪到链下去执行。以现在的区块链网络水平，我们做一笔交易通常需要所有的区块链节点去帮忙做检验，这其实是一件非常烦琐而且浪费资源的做法。

就好比说，如果我跟你之间做交易，只要你知道我要把账项转给你，我们之间其实就达成债务共识了，同时，你只要确实能够收到我原本答应给你的转账，交易就完成了。可现在的区块链不是这样的。在区块链上，我跟你的每一笔交易必须要有其他人（包括矿工）帮我们做检验，这其中包含签章、共识都合法后，才会被写到区块链上。数据完全上链就造成了链上拥堵的问题，所以如果在链上有一个合约，这个合约假设已经确定了交易的双方，那么我们链下协议好就好了，等结算时再上链。这样就解决了链上的拥堵问题。

举例来讲，如果面对一个电信商，每个月要交电信费，那需要我往这个合约里面充值，比如一开始我就充了 12 块钱，意味着我今年每个月转移 1 块钱。但是，我不想每次转 1 块钱时的每一笔账都写在区块链上，而是想以后每个月只要对账单做一个签名就可以。

再举例个人业务。假设 Alice 有 10 元钱，Bob 有 0 元，现在 Alice 愿意转给 Bob 钱。他们在建立这个合约的时候实际总共往里面充了 10 元钱。当两个人每次做交易的时候，支付的一方只要签名就可以。这有点像是认证或是签署一方应该要支付给另一方多少钱的概念。我们可以根据链下的信息，只需每次月结时去做签名的部分，定期更新债务表和应该结算的数目（见图 5-4）。

可以看到，假设这里有 100 笔交易，那这 100 笔交易其实在链下都只是一个签字授权的动作，只有到当年年底要做一个整体的清算和结算时，才把支付方原本应该给多少钱这些事情写到合约上。

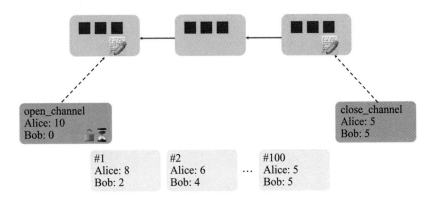

图 5-4　状态通道完成交易的过程示意图

所以在整个区块链上，你只会看到第 1 笔链上充值的交易记录，以及第 2 笔当我们最后结算时的交易记录。但是，过程当中 Alice 跟 Bob 之间交易的次数，就不会受限于区块链整体网络的拥挤程度，因为它可以在链下完成非常多笔的交易，直到结算之后再关掉通道，这就是状态通道的概念。

状态通道的局限性

状态通道这个方案这么好，那我们为什么很少采纳呢？可以看到，一个状态通道的合约里面，其实记录了两方之间交互的过程。也就是说，一般的状态通道每次都只有两个人做互动，如果在区块链上我要跟其他人再互动就必须还要建立一个通道，即每增加一个第三方就再做一个通道，很明显我必须要开启非常多的状态通道。所以说，状态通道的这种交互方式，其实会受到通道数量的限制，并不是一个比较普遍的方式，进而很难让我们做一些比较一般性的应用。另外，状态通道十分依赖交互双方的共同维护，就类似于上例提到的签署信息。这种设计相对不现实,因为必须假设双方时时在线,才能够进行一些交互。

尽管上面提到了一些限制,但是在2017～2018年状态通道出现时,人们还是非常开心的,认为找到这样一种方案,似乎可以给我们带来扩容的希望。现在来看,它可能更适用于支付或者像一般状态这样的一些记录,但是由于它可能会受限,所以交易的双方必须要维护状态数据。

状态通道还有一个缺点,就是交互双方中间的这些记录如果丢了,就永远遗失了。当你最后在关闭通道的那一刻,就会丢失了先前的一些信息,那这个情况其实是我们不想见到的。总结一下状态通道的两个限制,第一个就是交互方可能数量有限,第二个是交互的双方必须自己去保管中间这些记录(不管是状态改变或者交易改变的记录),所以对用户来讲这不是一个比较方便的做法。

2018～2019年Plasma方案

Plasma方案的原理

到了2018～2019年,我们又看到了另一种方案Plasma。Plasma和前面的状态通道最大的不同在于,它不像状态通道那样,靠一个合约且需要双方都在那个合约里充值和做一些互动,而更多依赖一个角色——管理员。

这个管理员做了哪些事情呢?简单来说,一些用户在交易时其实可以直接面对这个管理员发送交易的信息,这个交易信息包含诸如 Bob 要给 Alice 多少钱，以及 Alice 要给 Bob 多少钱等一些记录。这些记录会被这个管理员，即运行服务的第三方进行排序，当一个动作执行之后，管理员要把这些动作写入一个叫作状态树这样的资料数据结构里。

在写入数据结构以后，它会计算得到一个状态根，同时每一次都要把这个状态根写入主链。换言之，它会把计算的部分以及数据的部分放到链外，即在链外维护这一部分，只是委托管理员这个角色来帮忙计算执行。当执行之后，管理员每一次在 Plasma 上面产生的区块，会去登记它的块哈希值、块数以及状态根。就是说，在这个区块里面，有哪些交易被执行，有哪些合约被执行都会记录下来，然后把最终的 State Root 也记录上去。

Plasma 方案的欺诈可能性

现在我们用 Plasma 交易过程的示意图（见图 5-5）进一步说明 Plasma 方案的欺诈可能性。由图 5-5 可以看到，最上面一行是以太坊主网的部分，接下来的一行是 Plasma 链部分。我这里特意用黑色标注，其实图 5-5 Plasma 链中每一个黑色方块都代表 Plasma 链上的数据。

Plasma 中的管理员这个角色，每一次只是帮助我们把状态根和 Plasma 链上的 blockhash 给登记上去。换言之，在数据的部分主网得不到 Plasma 链资料的数据，就没有办法去验证这些事情。假设这些黑色的方块都是正确的数据，但还会有恶意数据（图中用浅灰色标识），比如我在第 3 个区块发现有一个数据是恶意数据，即原本 Alice 要给 Bob 1 000 美元，但是 Alice 跟管理员已经串通好了，帮她修改记录，而把给 Bob 的 1 000 美元改成了 10 美元，那么能做到上述情况的原因在于什么？就在于 Plasma 链上的数据并没有被记录到主网，所以其实主网这一条链上就没有办法去验证另外一条网路数据的正确性。

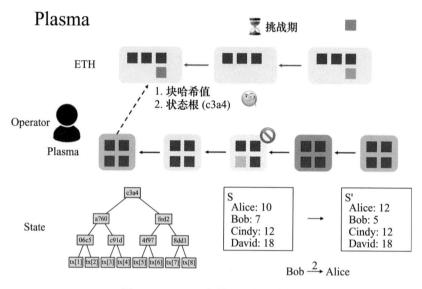

图 5-5　Plasma 交易过程的示意图

这就是我们所讲的数据可用性的部分。虽然某种程度上我们可以在链下将 Plasma 链上很多的交易打包成一个，只写入一个哈希值，可是因为它的数据在主网上不可用，所以也没办法保障安全性，这样中间才会出现一个挑战期。也就是说，虽然图 5-5 中深灰色的区块在 Plasma chain 的哈希值已经进入主网，可是我们不知道这个记录的值到底是否正确或者是否有可能被诈欺。当然，诈欺的原因可能是因为在 Plasma 链的管理者动了在链下数据的值。综合上述原因，Plasma 交易的过程中存在这样一个挑战期。

什么是区块验证的挑战期

为什么会有挑战期？主要是因为未来要验证数据。那这个挑战期的时间应该多长比较好？通常我们都会设大概一周到两周的时间，原因在于，虽然图 5-5 中深灰色的这个区块或数据现在要写到主网上，但必须要等待一段时间，由其他人来看看这上面的数据到底是真或假。如果发现它是假的，就要赶紧举手提出挑战，否则的话，过一段时间会把这个深灰色的哈希值敲定，那今后就确保不再更改了。

设立这种挑战期的原因在于，Plasma 链上的管理者有可能跟主网的矿工联合起来做一个共谋。比如，我知道你是要来挑战我的，而且可能通过挑战会把我本来写在主网上的这个数据，即这个深灰色的哈希值给抹掉。那我当然不想让你这么做，我就去贿赂矿工，要求他跟我联合起来，对你的这个挑战视而不见。这就是我们提到的这种审查的特性，比如说，区块链其实本来应该是去中心化的，任何交易都不应该因被审查而拒绝服务。但是当利益足够大的时候，矿工就有可能存在这样的一个机会或是被诱惑去做这些事情，所以我们这时候才有了一个挑战期的设置，这就是 Plasma 链的一个主要问题。

在 2018 ~ 2019 年这段期间，Plasma 链得到社区的很多人认可，所以就开始有很多的 Plasma 解决方案出现。我们曾开玩笑把它叫作 Plasma 山，看最后有哪些项目方能实现 Plasma 解决方案。最有名的就是 OMG network，以及现在我们在二层网络上看到的一个 TVL 整体量非常高的新网络——Polygon。Polygon 的前身是 Matic network，它其实主要通过 Plasma 这样的一个技术解决方案来做扩容的工作。

虽然侧链、状态通道以及 Plasma 等技术不断出现，但是在 2020 年，特别是 2020 年年中，当 DeFi 开始活跃起来之后，我们听到社区都在谈论的一种解决方案却是卷叠 Rollup。

2020～2021 年卷叠

TPS 的原理

卷叠（rollup）到底是怎么一回事呢？我们先看图 5-6 左边的这一笔交易。在以太坊上，我们能看到这笔交易记录是从哪个地址发送的，以及它的收款方是哪个地址、要发送的数目是多少，以及指定的 GasPrice、GasLimit，还有 data 和签名。

但是每一笔这样的交易，其实都有它的 Gas 限制。我们知道，在以太坊的区块里面，区块大小的衡量单位是 Gas。也就是说，一个区块里现在可能是 1 200 万 Gas，那我就要看这 1 200 万 Gas 里面可以装得下多少笔交易。通常一笔标准的交易占用的空间是 21 000Gas，所以你拿 1 200 万 Gas 去除以 21 000，可推算出一个区块大约可容纳 571 笔交易。那假设一个区块产生的时间是 12 秒，571 除以 12 相当于 47.5 TPS，我们就可以算出原来每秒的 TPS（用来衡量区块链交易效率的重要参数之一）。

Rollups

[TX]

From: Alice
To: Bob
Value: 10 Ether
GasPrice: 10 Gwei
GasLimit: 21000
Data: 0x
Signature:

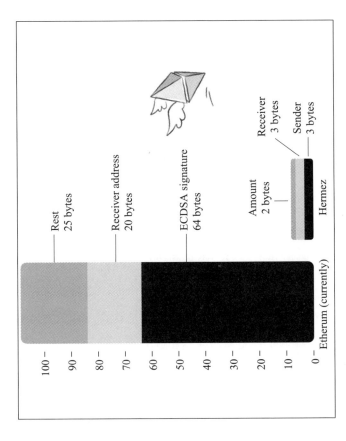

图 5-6 Rollup（卷叠）的原理示意图

卷叠方案的原理

每秒以太主网可以处理的交易量，即 TPS 约为 50，但这仅仅是在处理最基本的转账交易而不估算其他合约交易的情况下。也就是说，从这个非常简单的一些数学关系里就可以推论，原来在以太坊上，即使把每笔交易的 Gas 变小，也是没办法在里面塞更多的交易的，总有一个天花板。

这就像一个箱子，在这个箱子里面想要尽可能地把更多东西装进去，你会怎么做？你一定会想把东西尽可能地压缩、压扁，压得越扁，箱子就可以装得越多。因为箱子的空间就这么大，我压得越扁（如用真空去吸），那我就能够把空间清干净，之后就可以尽可能容纳越多我想要装的东西。同样的道理就是卷叠，它想要做的事情就是，假设我要 100 笔交易，对这 100 笔交易我可以做一件事情，就是压缩。压缩就是，如果我能够在主网一笔交易里面涵盖 100 笔交易的话，我就可以像刚刚谈到的通过在箱子里面尽可能去压缩空间来实现。图 5-7 展示的是 Hermez Network 的项目，它在 blog 里面放了这样的一张图，我觉得用这个示意图来介绍卷叠的原理非常好。

一般一笔交易，像我们前面刚刚介绍的那个由 Alice 转账给 Bob，这里有两个地址，每一个地址就是 20 bytes，签名的部分有 64 个 bytes，因为签名是 32+32 个 bytes，就是接收者和发送者这两个加起来的 64 个 bytes。如果我们用编码的方式让数据压缩，事实上我们可以在一笔交易里面去记录更多的交易数据。以地址空间来说，我们让每个地址都对应一个数字，例如 110，这样的话，可以省下 20 个 bytes，并转而用更小的 bytes 来记录地址。

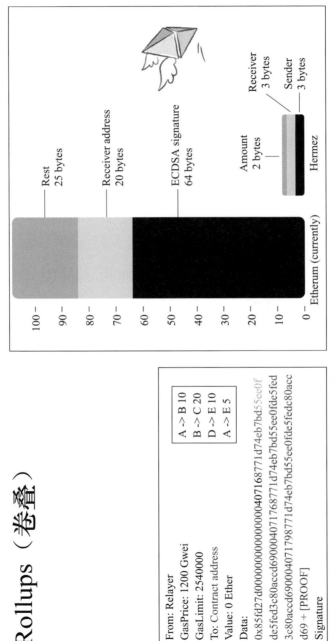

图 5-7 卷叠的原理示意图（来自 Hermez Network）

让我们来看一下大家会怎么做呢？现在一笔交易里面，通常还要记录一个叫作 Data 的栏位值。这个 Data 栏位值，其实原本用于在以太坊合约上记录一些数据，可以利用 Data 这个栏位，在上面写入一些资讯，比如说，有些人在以太坊上发起一笔交易，上面记录一些文字，事实上这就是利用了这个 Data 的栏位。卷叠的代码示意图见图 5-8。

Rollups（卷叠）

- Optimistic Rollups
  - Fraud proof
- ZK-Rollups
  - Validity proof

```
From: Relayer
gasPrice: 1200 Gwei
gasLimit: 2540000
To: Contract address
Value: 0 Ether
Data:
0x85fd27d0000000000000000004071768771d74eb7bd55ee0fde5fed3c80accd690004
071768771d74eb7bd55ee0fde5fed3c80accd690004071798771d74eb7bd55ee0fde
5fedc80accd69 + [PROOF]
Signature
```

图 5-8　卷叠的代码示意图

举例来讲，图 5-8 中 Data 的 407176、8771d7、4eb7bd、55ee0f 4 组数分别代表这个 a 给 b 转账、b 给 c 转账等 4 笔转账。如果我可以用几个 bytes 来代表 a 转账给 b 10 个 eth、b 转账给 c 20 个 eth，其实在某种程度上，我们做的事情就是刚刚提到的在箱子里把我要装的东西给压缩了。如果 407176 可以代表 a 转账给 b，即要给他 10 个 eth，那我就可以利用 Data 剩余的栏位。其优点在于每一个

bytes 计价的 Gas 费非常低。虽然单笔交易 Gas 的限制会提高，我这边故意写了 254 万，这不是一个固定值，只是用于示意 254 万 Gas 的交易包含了 100 笔交易。这个值也有另一层意义，就是当这个值过大的时候，矿工愿不愿意打包交易，当然这就是另外一件事情了。

如果能够在这一笔交易里面涵盖 100 笔交易，虽然我 Gas 费是给了 1 200 Gwei，可是这 100 笔交易，其实是在这一笔交易里面能够被执行的。这一切实现之后，这 100 笔交易就分摊了原本这一笔交易上线之后的手续费，那我们就可以达到节省手续费的目的。

二层方案的差异

卷叠和 Plasma 的差异

那和卷叠相比，Plasma 的不同点在哪儿？我们刚刚提到特意在 Data 数据的这一块上，把交易通过编码的方式写在上面，所以可以发现这就是一种数据上链。我们刚刚在前面的 Plasma 有看到，虽然 Plasma 的管理者会把这个深灰色区块的状态根给写上去，但是他并没有把黑色的这些方块数据写到主网上，因为主网没有办法去验证这个数据的可用性以及这个数据的正确性。可是在 Rollups 的概念中，即在压缩或者卷叠的概念里面，实际上是通过编码的方式把数据用最小化的方式写在了 Data 里面。也就是说，我现在的主网上可以获得链下的一些数据，可以把链下的数据再写上链。

这样它就衍生出了两种手段，大家可能比较常听到：一种叫作 Optimistic Rollup，另外一个叫作 ZK Rollup。这两个方案最大的区别就在于当我把数据上链之后，要怎么样来做验证。

ZK Rollup 卷叠和有效性证明

ZK Rollup 验证的方法叫作有效性证明（见图 5-9）。也就是说它在 Data 数据的这个部分（见图 5-8），我把它写上去之后呢，不单单是把数据想要反映的记录写上去，同时把这些记录利用密码学的方式做了有效性证明，即后面附带验证。

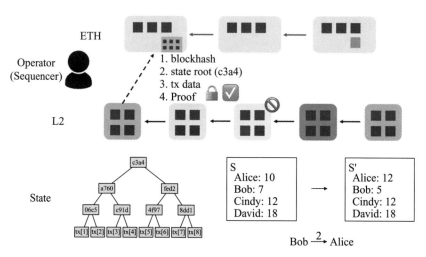

图 5-9　ZK Rollup 原理示意图

也就是说，链上的合约会有一个叫作监管者（Sequencer）的角色。在链下，这个监管者有点像 Plasma 里面的管理者，就是说监管者收到这些交易之后，必须忠实地把这些收到的交易里面要做的转账内容给写到网上。但是，主管怎么知道监管者忠实地把这些记录给写上去了呢？所以监管者必须要提供一个证明，而这个证明可以用来证明看到这些交易记录。写上去之后呢，还附带一个证明。这做的好处就是可以在链上校验交易的正确性，同时伴随验证的过程，这就是把它叫作有效性证明的原因。但是，我们看到，这里有密码学的一个锁，这个锁其实就代表，不仅把数据给上链，同时做了一个证明来验证它的可靠度。

所以当大家在谈有效性证明的时候，一定会觉得有它比较安全，比较可靠。但也因为这个证明，通过一些零知识证明的方法去计算，经常会遇到几个问题。第一个问题就是这个证明的计算量可能过大，又或者是当把这个证明算出来的时候，因为不同密码学证明的产生方式不同，有的会证明大，有的会证明小。但无论大小，其空间就压缩到 Data 那一块的空间，也就是说能够写到链上的时候，它还是会受到 Gas 的限制，当然这里就会有一些取舍。最近我们看到，zkSync 推出了 zkPorter。这是一个新的产品，或者是 StarkWare 提出 Volition 的一些概念，就是说，能不能不把验证写在链上，数据可用性与否，就在链下去做一些证明。这些是题外话。

Optimistic Rollup 卷叠和欺诈性证明

那回过头来看 Optimistic Rollup 做了什么。我觉得它有点儿像在搭公交车时可能会出现的一个状况——先上车后补票。比如，搭公交车应该先买一张车票，给司机检查车票之后，才能上车。那有没有一种可能，我先上车了，司机也先认定我一定是有车票才会来搭这一班车，所以对于我，甚至在我下车时，司机也不检查我的车票，原因就是他认定我是诚实的——一定有票才会上车。这其中有一个原则是，如果我有一次被抓到没有车票就上车，那就要对我处罚，这个处罚是以后都不能搭公交车。欺诈性证明其实有点类似这样的概念，相当于数据上链时不带有效性的证明。反之，我们刚刚说 ZK Rollup 附带有效性证明，它带着证明去验证数据的可用性和准确性。

欺诈性证明没有这个验证，但是它把数据给写上链。也就是说，可以通过链下的每个人或者是一些节点，去观察管理者是不是在正常运作，或者说是否有诈欺行为。没有的话，我们就相信它一直在正常运作，直到出错的时候，我们再对它提出挑战：怎么篡改数据，怎么乱写资料呢？但是这个欺诈性证明，存在一个问题跟 Plasma 很像，就是因为它存在着要挑战的欺诈部分，挑战期会有一周的时间。ZK Rollup 的数据写上链之后，链上的合约就已经验证了这笔交易的正确性。而对于 Optimistic Rollup，因为不明确中间有没有管理者或者监管者去篡改这个数据，所以必须先观望一阵子，等到证明没问题之后，才真正结算金额。

前面我们用的 Plasma 这张图（见图 5-5），按平时的话，只要看中间那部分就好，其实这张图就是想要表达 Plasma 跟它们最大的区别在于说管理者把第 3 部分的交易 Data 写在链上，但一样存在一个挑战期。所以没办法说数据上链的结果一定是对的，我们还是必须要等待一段时间来挑战。

Optimistic Rollup 卷叠类型和 Arbitrum 的出现

那在 Optimistic Rollup 的部分，以现在的项目来看，主要有两个项目比较受欢迎。一个是 Optimism，这是以前的 Plasma 团队把 Plasma 改良了以后提出的一种叫单轮欺诈证明的部分。另外一个是 Arbitrum，就是最近呼声比较高的。

这两个都属于 Optimistic Rollup 的这个范畴里面。我们前面刚刚提到，这种 Rollup 最主要的是，先把数据跟结果上链，但是东西对不对以后再说。Optimism 和 Arbitrum 都是以类似的工作原理实现。两者最大的区别在于，怎么样举证或者怎么样去验证这个东西是否诈欺。其挑战的方法、实现的方式不一样，一个是单轮的，一个是多轮的。

Optimism 靠单轮验证，就是在一个回合里面去验证是否存在欺诈。换言之，就是把 Layer2 可能在某一个区块里面的交易全部执行一次，然后来看这个状态更改之后是不是跟先前的状态保持一致，再做挑战。因为已经有数据了，既然知道这个数据，也知道前一个状态，那把这个数据根据前一个状态执行，看得到的结果是不是宣称的这个执行后的结果。如果不是的话，就撤销。也因为这样，必须提供欺诈证明的具体方式。

Arbitrum 在以太坊的主网上把 Layer2 的交易执行一遍，以此来验证有没有诈欺。我们想象中，Layer2 已经比较快，且它包含交易的数据也比较多，那如果要验证这件事情，在交易数据多、步骤也多的情况下，有没有可能造成没办法在主网把这些计算量都通通包含在 Gas 限制里的区块呢？所以它提出一种方案，叫作多轮的欺诈证明。这种方法是把状态到状态之间，用二分法的方式进行多次切割，旨在避免一次性验证这么多的状态。挑战方以及被质疑方商量好怎么样去切分，指出是哪一个步骤或是哪一个点是错的，只要把那个点抓出来就可以。因此，以这样的方式对链上的合约做验证，不需要把所有的交易都跑过一遍才去执行，才能去验证这些东西是否有诈欺。该方法只要验证一个步骤或者几个指令，就可以知道这东西可靠或不可靠。

对于欺诈证明，我觉得还应强调一点，从区块链的角度，不要相信任何展现表面的东西。只要有数据，还是要验证它的正确性。按 Optimistic Rollup 的观点，先信任，再验证，有问题再提出来。

ZK Rollup 卷叠类型

ZK Rollup 其实跟刚才讲的 Optimistic Rollup 卷叠机理很像。我们前面提到，ZK Rollup 数据上链之后，带有有效性证明。意即数据上链后，针对每个区块的交易数，有一个对应的验证。只是这个验证的计算工作量比较大，我们一定得把它包含上去。那这时候就可以对以太主网上的合约中的数据和这个验证同时做验证。

如果数据在主网上验证通过，那这就是一个有效的交易，也没有挑战期了。图 5-10 借鉴了 Yingtong 的分享，它包含了怎么进行数据的验证，我觉得非常好。

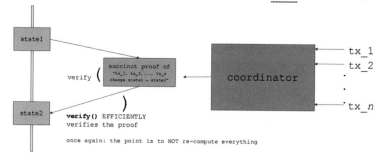

图 5-10　ZK Rollup 链外可验证计算（来自 Yingtong's slide）

图 5-10 右边 coordinator 这个角色就像前面的管理者角色一样，它其实是对这些交易做排序，并对它们的签名结果验证，看一看交易是不是真的发生了 a 要给 b 多少钱。如果 a 确实是给 b 那么多钱，也包含他的签名，那只需要检验他的这个签名是否正确。如果确实正确的话，那须把 a 要转账给 b 的这件事情写到记录里就好。

所以 coordinator 在做的事情就是，针对发送的这些交易，对其签名进行校验，对里面的信息内容重新打包编码后，再把这个编码的结果生成一个验证。有了验证之后呢，我们就在链上做验证，即在以太主网上某一个区块内的状态可能是 state 1，但是经过了层层筛选程序结果之后，你其实可以得到一个新的状态，我们叫它 state 2。这个验证就是 state 1 到 state 2 的验证。

在 ZK Rollup 里面，现在就有几个主要的项目方向，比较有名的是 ZK Snyc、Starkware、Hermez 以及 Loopring。顺便提一下现在在二层网络上 DeFi 项目的一些状态。我刚刚虽然提了 4 个方案，可是因为每个方案里面会有不同的变形，所以认为有多种第二层解决方案。在这些解决方案里面，有的是安全性比较好，有的安全性不足，有的是有挑战期的，有的则没有。所以其实每个方案都有它的好处，有它的坏处，你必须要去取舍。

新的进展以及未来的方向

二层方案的选择

到底什么样的技术方案更可行？有的项目虽然概念可行，可是它还在 PoC（Proof of Concept，概念验证）的阶段，或者说它可能还没成熟到可以给开发者去使用的阶段。每一种方案都有它一些不同的观点。在 DeFi 上我们看到的最早的项目，中国称之为"路印"，其实非常好，它有自己的二层网络钱包以及二层的交易所。我们也看到，像 Synthetix 或者 Uniswap，它们一开始就提到，未来会在 OP 上去做部署。最近非常火的 Arbitrum，Uniswap 也可能去做。它们通过社区投票制度，说可能在 Arbitrum 里面去做。DODO 或者 dForce，也可能在未来支援二层技术解决方案。

现在看到最多的就是 Polygon。Polygon 这个社区非常大，那里有非常多的不同项目跟方案支持。StarkWare 方面，像 Deversifi，或者 Dydx 和 Layer2 finance，或者像 Immutablex 这种 NFT 项目，它在二层网络上发行铸币。在我刚讲的这种侧链的网络上面，Perpetual Protocol 已经运行了很长一段时间了。

给开发者的建议

回到应用的部分，虽然每个项目有它自己的考量点，会选择比较适合自己的Layer2解决方案，但是作为开发者，我们也应该从应用的角度去思考自己的方案是不是真的适合项目方，因此，建议关注以下几个问题。

第一个问题，从应用的角度说，应该更关心网络的流动性。从DeFi来讲，每一个（特别是Rollup）Layer2的方案通常需要在主网的合约去做存款，就是说，要先去做存款，然后它才会在二层网络上去铸造相对应的代币出来。这意味着未来的流动可能是在Layer2上而不是在Layer1上，这就可能会造成流动性破裂。也就是说，就有可能变成主网自己有自己的流动性，而不同的方案或不同的Layer2也有自己的流动性，因为每个地方都可以自己存放代币。那这时候，对于整体的网络来讲，你要让整个DeFi运行得更顺畅或者更好，肯定需要cross-Rollup的一些协议来做这件事情。

第二个问题是组合性断裂。我们看到，以太网的生态现在运行得很好，比如说，不同合约之间可以交互，其实这是因为EVM相容。如果有一个公开的标准或接口，合约间可以互相调用，这有助于产生更多有创意或者有活力的一些新App。可是当Layer1跟Layer2的App做交互的时候，有可能Layer2的解决方案本身技术不支持EVM，因此它们的App虽然都包含在Layer2的解决方案里，但没办法做交互，那就没有办法享受这种组合带来的好处了。

第三个问题是开发工具的支持以及对开发者的要求。我觉得这种情况就是开发者习不习惯或者说能否接受，以及学习的门槛高不高的问题。我们前面提到 ZK Rollup 的安全性以及它的有效性证明，可以帮助我们很快地在链上去整理数据。可是在这些 ZK Snyc 或者是 Starkware 里面，当你要去写它们支持的这种智能合约应用的时候，必须使用它们自己新创的一种语言。比如 Cairo 语言，它其实蕴含着一些设计的哲学，帮助你写出想要的应用，并产生你在链上可以产生的那个验证。回过头讲，假设你是一个应用的开发者，并且已经从事该工作很长时间了，但是你今天为了把 Layer1 的 App 搬移到 Layer2 上，你可能要再去学一种新的语言。当然，学一种新的语言也没有什么不好，可是从开发者的角度来看，要维护两套不同版本的合约是不容易的。因为在 Layer1 上有一套，在 Layer2 上还有一套，这个时候对开发者来讲，就会有版本问题。因为每次升级版本的时候必须要两边都升级，就好像开发 App，每次升级安卓一个版本，iOS 一个版本。所以说，其实对一些项目来讲，开发工具越友善，或者说可以用我们平常在以太坊上开发的这些工具，对大家来讲负担就越小，成本就越低。

开发者其实只要把自己东西搬过去就好，因为已经有工具的支持以及一个活跃的开发者社区。开发者有问题的时候可以找到对象甚至生态里面这些工具或者生态里面的一些支持，不停地在升级更新，而且开发者能时时刻刻享受这些开源带来的友好。其实这些都是开发者考察不同项目方时应注重的一些因素。

流动性的考量

我们前面提到，从应用的角度来考量，会遇到组合性的问题，也会遇到流动性的问题。现在通过一个简单的示意图（见图5-11）来给大家介绍一下。

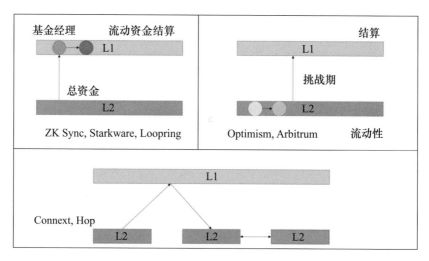

图 5-11　不同技术的流动性差异示意图

我们先从 Optimism 或者 Arbitrum 说，它们对开发者来讲最友好的就是，EVM 兼容友好。有人说，虽然我在 Layer1 有一个合约，可是当我想在 Layer2 去部署自己的 App 的时候，只要把我的合约直接在 Optimism 或者是 Arbitrum 提供的工具上部署就可以了。不用动代码就可以把方案也就是 App 搬运到 Layer2，这对开发者非常地友好，而且因为 EVM 友好，所以我们在图 5-11 右上边故意画两个圈圈，这两个圈圈代表 DApp，也就是说它们之间可以直接去做交互，去做组合。当然它的缺点就是我刚刚提到的，对于这种 Optimism，它都会有一种状态。而你的数据是上链的，可是你的状态还没有办法被验证正确与否，那就必须要等待一段时间，存在一个挑战期。它的优点就是 EVM 友好，所以可以在 Layer2 里面去做一些交互。图 5-11 左上边的部分是以 ZK Snyc、路印等为代表的技术解决方案，它们通过有效性证明，可以很快地把 Layer2 的资金转回 Layer1，因为只要在 Layer1 上去验证一次，通过交易的内容跟交易的验证就可以验证。

但是回过头看，因为现在 ZK Snyc 和 Starkware 其实还没有完全支持 ZK EVM，所以它没有办法让开发者降低开发成本，如果不重写就没办法在 Layer2 部署。而有一种情况就是，即使写出了这些代码，可是每一种 App 的应用方式是不同的，换言之，产生证明的方式也不是通用的，因此代码也是不能通用的。要怎么样在系统里面去校验来自不同应用的这些证明而且要能够保证它们的交互，这是相对比较困难的，所以，这是 ZK Snyc 和 Starkware 需要持续突破的技术瓶颈。

Celer 最近开发了一种叫作 Layer2 finance 的东西。这意味着不用把 Layer1 的流动性搬到 Layer2，可以利用 Yearn 机枪池的概念。就是说，可以在 Layer2 去聚合资金而利用 Layer1 上有部署的另外一个合约，Layer2 finance 就好像一个基金的代理人。假设你要去投放 Compound，去做其他 App 的交互，那 Layer2 finance 来帮你做，而且 Layer2 finance 做这件事情就会变得比较低成本。因为可以将资金集中到 Layer1 上做投放，所以说大家就可以分摊掉这些成本。这个部分就是流动性。

未来的 Layer2 会怎么样，这些假设的方案非常多，各家百花齐放。图 5-11 的最下方三个方块里最左边 L2 的部分，也是以 ZK Snyc 和 Starkware 这些为代表的 ZK Rollup 的解决方案，中间这个 Layer2 是以 Optimistic Rollup 或 Arbitrum 为代表的解决方案，右边的这个 Layer2 就是以 Plasma 或者 Polygon 为代表的解决方案。

我们的资产其实就会不停地在 Layer1 和 Layer2 之间做转移，这中间就会遇到部分资金放在左边的 Layer2、部分的资金放在中间的 Layer2、部分资金放在以太坊的主网上的情况，这时候就会造成流动性破裂，那我们的资产组合怎么办？有些 Layer2 可享受组合性的好处，可是有些不能，所以必须让这些跨 Rollup 的方案在这之间做状态的转移。

我们再看一下数据。以 Layer2 来讲，Polygon 现在其实有非常多的资产已经累积在上面。那回来看另外一个网站 Layer2 bits，你会发现一件事情，在这个网站里面就看不到前面的这几个项目。原因在于，大家现在对 Layer2 的定义不一样。通常我们在定义 Layer2 的时候，只能是说这个方案，它的安全性是不是基于 Layer1 的以太主网。也就是说，它不是依赖 Layer2 自己的安全性去保障整体生态的安全性，也不是依靠 Layer1 的主网去保障你的安全性。

我们最终希望达到的目标，就是能够做到自己托管，无需审查，去中心化，这其实也是跟区块链原始的精神比较符合的。最后提一下，虽然最近的 Gas 下降，但这不能妨碍我们持续推进 Layer2 或二层网络扩容的方案。

另外提一件事情，为什么说 Rollup 其实可以作为一种中长期的解决方案？分片不一定要等到 ETH2.0 真正来临的那一天，但 ETH2.0 的分片改变这些数据的 Layer 内容已经完成的时候，虽然我们刚才提到在 Layer1 会受限于 Gas 限制，可如果分片的 data Layer 已经完成，尽管分配上还不能够拥有 EVM 这种执行的验证能力，可是当分片的这个数据可以被用的时候，其实不同的 Layer2 方案就可以在不同的分片里面去搭起它们写入这个数据。所以，事实上，即使有的分片链还没到 ETH2.0 的完全体,Layer2 也可以在分片中进行讨论。

互动问答

1. 提问:Gaslimit 可不可以提高?

回答:

这其实要看整个节点的共识。因为 Gas 限制和节点里面的这些状态的储存有关,就是说主要还是看节点的性能,Gaslimit 实际上是可以提高的,可是提高到某一个程度之后它会影响到节点的运行,所以不可以无限提高。

2. 提问:能否简单介绍一下 Polygon?

回答:

可以回看我讲的 Plasma 的那个部分。Polygon 比较像是运行的另外一条侧链网络,一条从以太主网分叉出来的网络,它在算法改进后性能上比较好、比较快。一般链的网络采用的是 PBFT,有一些侧链可能直接用 POA,因此这些链的节点实际上是由项目方自己部署的,它们可能就只有 3 个、10 个或者 15 个,只能够维持一定的可靠度。所以 Polygon 就是我们前面提到的侧链,它相对于主网以太坊来讲,不太可靠。对于另外一条链 Celer,我的理解是,它早期是做状态通道的,也是二层。它们现在在做一个新的项目 Layer2 finance,我们前面也有提到,Layer2 finance 其实就是帮用户将资金带到 Layer1，进而享受 Layer1 上如 Compound 等项目的功能应用。

3. 提问：以太坊的人员、项目已经非常丰富了，那为什么 Layer2 的应用很少能用呢？

回答：

这是个很好的问题。其实真正跑在 Layer2 的项目不是很多，虽然我前面列了很多。Perpetual 跑在 xDai 上，Dydx 跑在 Starkware 上，可是 Starkware 是属于 EVM 不兼容的 Layer2 解决方案，所以说要是现在跟它去做交互，也没法做。这些应用"各自为政"，无法交互。可以预想到，未来 Layer2 也会有一些钱包，但让你的钱包怎么样接入 Layer2，这是属于基础设施的问题。因为 Layer2 的处理方案各不相同，也有自己的签章算法。

我们期待 Layer2 很快发展起来。现在，越来越多的生态、工具已经发展起来，但基础设施还不足，也没有比较多的组合性。Arbitrum 的出现，可以让更多的开发者愿意迁移过来，因为它既是 Rollup，而且又兼容 EVM。

4. 提问：不同的 App 也在布局自己的 Layer2 扩容生态，在这么多的方案当中，这些项目面对的最大技术难点是什么？

回答：

现在不管是公链或是不同的区块链，我相信它们还是在往扩容或者是往生态和 DeFi 更友好的方向前进。但是由于开发者分布在不同的社区或者不同的开发项目里，有些时候这些开发工具都不太相同，这样就产生了一个问题——能不能够让以太坊社区或者开发者更容易去适配这样一个环境。

对开发者来讲，有些人觉得 Solona 好像不错，然后就跳过去，到了那里才发现原来在 Solona 上写合约，可能要学 Rust，这对有些开发者来讲是一个困难点。可是我在写的过程当中就发现它又没有开发者，也没有浏览器，那我怎么去观察我的数据？对开发者来讲，不管是不同的公链或者是其他生态链，要便于做开发，就像以太坊一样，让用户可以按照已经养成的习惯方式来做开发甚至可以让用户无痛迁移。这对于项目来讲，就是面对的技术难题。一般的用户或者一般的开发者愿意迁移到这里吗？哪种类型的 Layer2 最终会胜出？不确定。但是我觉得，从中期来看，可能是 OP 系的，而从长期来看，安全性更高的，一定是 ZK Rollup。

5. 提问：随着越来越多的项目 Layer2 出现，而每个场景又采用不同的 Layer2 方案，会不会破坏这些项目之间的可组合性？

回答：
会的，这就是刚刚有提到的，ZK Snyc 和 Starkware 还不支持 EVM，所以现在没办法在不同的 Layer2 方案里面去做到合约之间的交互或调用，这就会破坏组合性。虽然说 Optimistic 还不错，它还可以享受这些组合性，可是它可能有另外的问题，如包含挑战期。

有人说，那些 Layer2 涉及资产之类的跨链会比较重要，目前这方面的项目也比较突出，比如 O3。就我知道的，现在像

O3 Swap、Uniswap 这些方案都在试图去解决。但我建议你可以往怎么样在流动性破裂的时候在跨链或者跨 Rollup 之间去做资产的转移这个方向考虑。

6. 提问：理论上 TPS 最高可以到多少？

回答：

这其实要看每个项目方案，目前有的方案是 3 000，有的能是 5 000。

CHAPTER 6
第 6 讲

投资人眼中的 Layer2 生态

DeFi

本章内容分为三个部分。第一个部分简单介绍了 Layer2，第二部分主要介绍现在的 Layer2 生态情况，第三部分是关于 Layer2 的延伸。Layer2 是我们比较关注的方向，作为 ETH 最早的支持方和投资人，我们会持续保持深度关注和支持 ETH 生态。㊀

㊀ 本章根据某分布式资本合伙人在 2021 年 6 月 17 日巴比特的讲座，由编者廖宗湖整理而成。

Layer2 简介

Layer2 的出现是一个必然,大家可以先看一下图 6-1,该图展示了以太坊网络 Gas 费和 DEX 交易量数据。

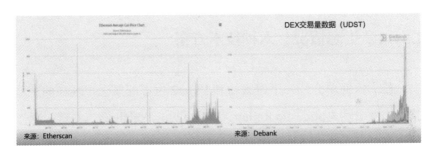

图 6-1 以太坊网络 Gas 费和 DEX 交易量数据

目前 Layer2 的主要解决技术方案分为以下几种:Rollup、Validium、状态通道、侧链以及 Plasma 等。后面我会具体介绍这几种方案的优缺点,以及它们的应用方向。现在以太坊(ETH)正在进行 2.0 版的推进,原来 1.0 是 POW,2.0 可以使用 POS 的共识机制。那么大家肯定会产生一个问题:ETH2.0 用 POS 之后,其吞吐量会大幅上升,Gas 费会大幅降低,Layer2 还有没有存在的必要?

以太坊 2.0 目前依然处在信标链[⊖]的第 1 阶段，还没有到第 1.5 阶段及第 2 阶段。只有在第 2 阶段，POS 才会和目前 POW 的链融合，预计整个过程至少需要两年的时间。在这段时间里，Layer2 的应用是必不可少的。如果缺少了 Layer2，以太坊基础能力就会跟不上生态的发展速度。

以太坊 2.0 上线之后，Layer2 的 Rollup 技术，包括 ZK Rollup 和 Optimistic Rollup 基于以太坊 2.0 的速度是可以有十倍以上提升的。以太坊 2.0 可以分片，主链的数据容量可以增加，对 Layer2 本身也是利好。以太坊 2.0 的整个实现过程，也会考虑 Layer2 的技术方案，这是以太坊 2.0 和 Layer2 的关系。

Layer2 生态情况：六种技术方案

给大家简单介绍一下以太坊和 Layer2 生态的概念，现在的主流技术主要分为 Optimistic Rollup、ZK Rollup、Validium、侧链、状态通道和 Plasma。表 6-1 横向显示的是各种主流的技术分类，纵向是使用 Layer2 的行业分类，包括 DeFi、游戏、NFT、钱包和 CeFi。

从表格中可以看到，DeFi 类的项目是最多的，其次是游戏类，NFT 类也开始逐渐增多，而钱包和 CeFi 也正在支持主流的 Layer2 技术。后面我会具体介绍为什么有一些地方会选择 Layer2 技术，我也会选择性地比较不同 Layer2 技术有什么优缺点。

⊖ 信标链是处理或协调分片和质押者的扩展网络，但它不会像今天的以太坊主网一样。它无法处理账户或智能合约。信标链是一种全新的权益证明（POS）区块链，用以解决共识问题，而分片链（Shard Chains）的目的是解决以太坊的扩展性问题。信标链是以太坊 2.0 系统的核心。

表 6-1　以太坊 Layer2 主流技术概览

行业	项目/技术					
	Optimistic Rollup	Zk-Rollup	Validium	Side chain	State Channels	Plasma
DeFi	Uniswap；Compound；Synthetix；Volmex；Chainlink；Sushi	Curve；Balancer；Numio；AAVE；	DeversiFi；dXdY；Paraswap	POA；xDai；Skale	Lightning Network；Raiden Network；Trinity	Aave；Curve；Quickswap；1inch；Sushi；EasyFi；Augur
游戏	N/A	N/A	Immutable	N/A	N/A	Atari Decentraland Aavegotchi
NFT	N/A	N/A	N/A	N/A	N/A	Opensea；NFTbank；Ark. Gallery
钱包和 CeFi	Math；Metamask Coinbase wallet；MCdex	Argent；MyKEY；StablePay；Idena；	Metamask	Portis	Trinity Wallet	Metamask；Math；Torus

比如，现在大部分游戏项目选择了 Plasma，而基本没有游戏会去选择 Rollup、Validium 或侧链的方向，这背后是有技术原因的。主流 Layer2 技术不同的背后是 Gas 费、TPS 和安全性不同，这些不同最终会使不同的应用有不同的选择，后面我们都会提到。

接下来我会分别介绍 Layer2 上的六种不同技术方案。因为我本身也是做投资的，所以主要从应用和优缺点的角度来介绍技术方案。

Optimistic Rollup

Optimistic Rollup 现在是比较火的一个技术。这项技术就是将所有的数据打包压缩过后放到以太坊上，以此来解决数据的可用性问题。前面我提到的 Gas 费、TPS 和安全性这三点，其中 Gas 费、TPS 大家比较容易理解，安全性的核心就在于数据可用性。Layer2 是在以太坊的 Layer 1 资产基础上形成的一套交易行为，一般有一套自己的交易行为账本。我们把账本放到 Layer1 的过程，就是 Layer2 把数据放到 Layer 1 的过程。那这个账本怎么能保证它的真实和有效？如何才能不将 Layer2 上造假的账本传送到 Layer 1 上？数据可用性，就是说在 Layer2 上整套账本中的数据是在链上的，它是可查、可追溯、透明化的，所以这套数据放到 Layer 1 以太坊的账本中可以被认为是真实的，这就是可用性的概念。

数据的可用性核心，是指数据是在链上的，可以追溯，可以通过查证的方式了解是不是真实的账本。数据的不可用，就是指数据是链下的，溯源无法获取，比如网关或资金池里的 Layer2 可能就不是在链上的，资金是谁的就无法查到。这样的网关数据放到 Layer 1 上依然是不可用的，因为最终交易的账本和交易记录都不可查。

其实 Optimistic Rollup 和 ZK Rollup 都可以解决数据可用性问题，它们的数据都是链上的，然后通过压缩打包的方式，放到了 Layer 1 上面，但它们有一个核心区别就在于数据验证方式。

为什么叫 Optimistic Rollup？因为它是乐观型的，认为交易者和参与者是友善的，都不会去做恶，所以它的交易数据验证是事后型的，不是事前型的。而 ZK Rollup 认为所有的参与者都是作恶者，所以它的交易数据验证是事前型的，不是事后型的。由于 Optimistic Rollup 的交易数据验证是事后型而非事前型的，因此它的验证机制被称为欺诈证明。交易发生之后，如果有人提出交易有问题，需要提供一系列的证据，那么在欺诈证明中要验证是否真实，或有问题。ZK Rollup 是通过零知识证明技术和加密方式验证交易在事前就是真实的。

总体来说，Optimistic Rollup 比较被动，而 ZK Rollup 比较主动。因为 Optimistic Rollup 的交易数据验证是事后的欺诈证明，可能会有一定的延时性。交易被确认需要一定的延时，只有经历了欺诈证明交易无误才能被确认。在 Arbitrum 测试网上线之后，欺诈证明只需要 30 分钟时间，而不像 ZK Rollup，它的验证是事前验证，即时性会比较强。大家可以看到，Optimistic Rollup 现在主要的技术项目是 Optimism 和 Offchain（见图 6-2）。Optimism 用的是 OVEM，Offchain 用的是 AVEM，两者的不同主要在欺诈证明上。Optimism 的欺诈证明是单轮的。Offchain 的欺诈证明是多轮的，它把欺诈证明分割成很多份，挑出其中有问题的进行证明。多轮欺诈证明大概就是这样一个过程。一般来说，单轮的欺诈证明会更快一些，多轮的相对会慢一些。

图 6-2　Optimistic Rollup 发展现状

大家可以看到，现在 DeFi 主要使用 Layer2 的技术方式是 Optimistic Rollup。其核心原因是 Optimistic Rollup 和以太坊的

EVM[一]的兼容性更好一些。ZK Rollup 其实对 EVM 兼容性还不太友好，这就使大部分应用会选择 Optimistic Rollup 来作为一个比较好的 Layer2 方式，而且它的 Gas 费等也比较友好，这在后面有数据说明。从图 6-2 中可以看到 Optimistic Rollup 几个主要核心项目的发展近况，其中主要还是测试网，但主网目前还是没有上线的状态。其实，整个 Layer2 只是到了快要接近里程碑的阶段。

ZK Rollup

ZK Rollup 和 Optimistic Rollup 都有各自的优点，但它们有一个优点是类似的，就是不容易受到经济环境的影响，安全性很高，其核心在于它们都有数据可用性，数据都在链上。但是 Optimistic Rollup 可能因为欺诈证明的原因，所以有一定的延迟性。但是 ZK Rollup 因为是事前的验证，所以没有延时问题。

此外，它们也都有各自的问题。比如说，ZK Rollup 的验证是事前证明，对算力要求比较高，会消耗比较大的算力。同时它的 Gas 费会相对比较高，可能要达到几十万 Gas 的量级，并且 ZK Rollup 和以太坊 EVM 的兼容性总体不太好。

虽然 Optimistic Rollup 的 OVEM 和 AVEM 有一定的不兼容性，但是不影响安全性问题，所以不算核心问题。另外一个问题就是它的欺诈周期比较长，鉴于此，有些项目已经提出了相应的解决方案，比如说可能会有第三方来做网关解决延时性的问题。

[一] 以太坊虚拟机（Ethereum Virtual Machine,EVM）是一种计算引擎，其作用类似于具有数百万个可执行项目的分散式计算机。它充当虚拟机，是以太坊整个运营结构的基石。

第三方类似担保机构，所有延时的交易由它来担保，交易方就可以得到及时的确认。但是目前这只是一种解决方案，还没有真实解决的情况。

刚才提到，ZK Rollup 的 Gas 费可能比较高，会达到几万或者几十万 Gas，但是 Optimistic Rollup 就比较低，可能就几千到几万 Gas。至于 TPS，它们两个都差不多，至少达到几千 TPS 的级别，而且 ETH 2.0 上线之后，它们可以至少再提高 10 倍的 TPS。

具体介绍一下 ZK Rollup。市面上有很多观点认为 ZK Rollup 长期来说会优于 Optimistic Rollup。因为 ZK Rollup 具有低延时性特点，并且其存在事前验证的过程，更符合一般人的理解。它不像事后验证那样，周期比较长，并且还需要交易的参与方提交数据验证。就各方面来说，ZK Rollup 会少有一些麻烦。ZK Rollup 基本上是全自动的，它可以自动地去整体运行，所以很多人更看好它，尽管它现在的应用性不强，并且存在很多有待改进的地方。

不同的 ZK Rollup 有不同的技术路径，不同项目用来验证的证明器的验证时间可能会不太一样，这取决于链路大小和硬件容量，时间可能从几分钟到十几分钟。不同的 ZK Rollup 项目也会选择不同的设置，一般分为三类：可信设置、可更新设置和透明设置。

图 6-3 是对 ZK Rollup 发展现状的整体介绍，一般来说 ZK Rollup 的技术难度相对 Optimistic Rollup 会更高。因为要在事前使用零知识证明技术验证数据的安全性，技术难度非常高，所以整体进度相对 Optimistic Rollup 也是更慢的。

图 6-3 呈现了几个核心的 ZK Rollup 项目，现在它们也出现了一些新变化的 ZK 技术。由于 ZK Rollup 和以太坊 EVM 的兼容性不够，

很多以太坊的 DeFi 项目没有使用 ZK Rollup 技术方案，更多的处在尝试和探讨阶段，但从长期看，ZK Rollup 是被看好的。

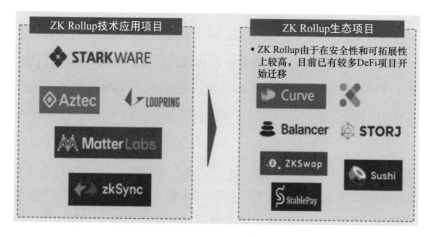

图 6-3　ZK Rollup 发展现状

Valididum

Validium 背后其实也是 ZK 技术，但是它不同于 ZK Rollup 的一点就是，它的数据是不可用的，而且数据在链下。Validium 的数据可用性是由链下的数据可用性委员会来决定的，有点类似 POA[⊖] 的概念，是相对比较中心化的方式。POA 是由 8 位参与者组成的，由他们来决定数据是否可用，并且他们可以对这个网络里面的账户进行冻结以及修改，所以 Validium 整套体系其实是比较中心化的。它本身延时性比较好，并且不容易受到攻击，但它和 EVM 的兼容性比较

⊖ 权威证明（Proof of Authority，POA）是一种与区块链一起使用的算法，它通过基于身份作为权益的共识机制提供相对较快的交易，使用 POA 的最著名平台是 VeChain。

差。其数据不可用，是比较大的问题。其 Gas 费也有可能会高，这是因为使用的是透明设置，在 Layer2 的区块未被填满时，它的 Gas 费可能就会比较高。

目前主要使用 Validium 技术的是 STARK Ex，基于这个项目的生态应用包括大家比较熟悉的 dydx 和 Deversi Fi（见图 6-4）。数据可用性委员会这样的体系未来可能会适用于一些托管性的系统。传统的中心化体系想要进行 DeFi 活动，我个人认为可能会更偏向于使用 Validium 体系。

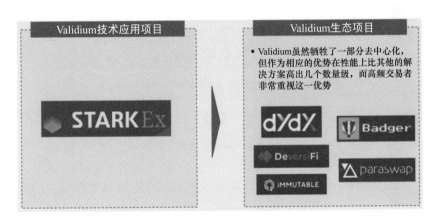

图 6-4　Validium 发展现状

侧链

侧链其实就是独立于以太坊的另外一条区块链。它可以是 POW 或 POS 的，也可以有自己独立的共识机制和区块参数。

侧链的优点是，它和 POS 等共识机制一样，目前解决性能的技术方案是比较成熟的，代码和数据也比较独立，不会增加同步的负担。

但侧链的缺点是，安全性特别差，因为整套账本是在侧链上的。如果侧链参与者不够，很容易作假，且抗审查性差，最终结果也会很差。也就是说，如果作恶和造假，数据依然会被传输到主链上，所以侧链安全性的问题会比较大（见图6-5）。

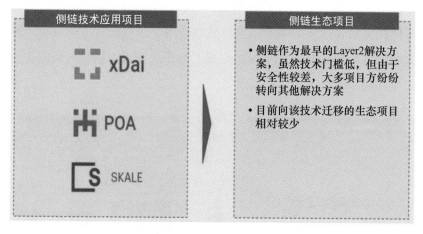

图 6-5　侧链发展现状

因为侧链的安全性问题，大部分项目方开始转向其他的解决方案。有的DeFi项目会选择同时做侧链和Rollup的技术解决方案，而更多的项目使用Rollup的方案。

状态通道

状态通道是第5种Layer2方案。状态通道目前用的人可能非常少。它的特点就是延迟非常低，主要做的就是Layer2和Layer 1之间的状态通路。这个通道里面会有状态的通用情况和状态情况，但它有一些问题。首先，如果通道中断的话，那可能就无法及时地收到最新情况。其次，它的利用率比较低。状态通道要写得非常明确，如需要填满多少 ETH 才可以。但填满需要很多笔交易，这样本身就比较慢，而且写好的 ETH 数量不能少或多，这就会有很大的不可用性。

这样便形成了它的可能应用方向——小额支付。因为这些状态通道相对都比较小，很容易被填满和使用。此外，状态通道里面的所有状态都是被要求准确固定的协定，且很多过于复杂，比如，多少人参加了 Uniswap 这种金融行为根本是无法计算的，是没有上限的。由于状态通道需要把人数等一些数值给写死，所以只能适用于一些游戏或者预测项目，比如预测什么状态下下雨或者不下雨，游戏也只适合于相对比较简单的类型。虽然状态通道不是复杂的技术，但做起来很麻烦。把整体所有的状态都考虑进去，是一项很复杂的事情。

图 6-6 展示了状态通道发展的现状。可以看到，现在 Connext 等项目正在做 Layer2 之间的流动性，它们使用了状态通道。Layer2 本身有些用的是 ZK，有些用的是 Optimistic。Layer2 之间的流动性如何

图 6-6　状态通道发展现状

来实现，有些项目就是用状态通道来解决的。这就是状态通道现在的整体情况。

Plasma

Plasma 是在侧链上产生一个 UTXO⊖，而 Operator 会在几个小时内更新侧链的状态。Plasma 具有高吞吐量和低 Gas 的特点，但其本身存在一些问题。一是数据不可用，Plasma 的数据也是在链下的，如果数据出现问题，这笔交易是无法被追溯的。Plasma 适用于比较简单的经济行为，如支付等简单的行为。在支付行为中，支付者本人可以提交支付证明。但如果涉及池子里面的资金归属问题是说不清楚的，数据就无法被追溯。二是因为 Plasma 的数据是在链下的，对用户而言节点负担会比较重。如果用手机作为节点，大量的交易数据都要存在手机上，手机的负荷就会比较大。

Plasma 上最有名的是 Polygon 这个项目。现在 DeFi 和 NFT 在 Plasma 上的应用，基本上使用的都是 Polygon。Polygon 的转型也非常厉害（见图 6-7）。

下面对 6 个 Layer2 作比较（见表 6-2）。这是国外一个非常有名的人 Alex 制作的表格。他写了很多关于 Layer2 的文章。该表从安全性、性能、可用性、EVM 智能合约兼容性等多个维度对 Layer2 作了整体总结。

⊖ UTXO（Unspent Transaction Output）是指某人在执行比特币等加密货币交易后剩余的数字货币数量。

第6讲 投资人眼中的Layer2生态

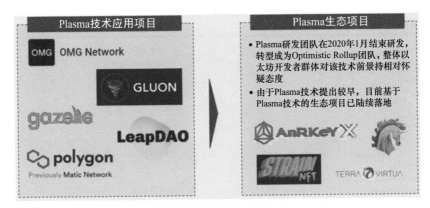

图 6-7　Plasma 发展现状及转型

根据分布式资本罗列总结。从 Gas 费来讲，Rollup 技术的 Gas 费相对比较高一些，且整体要高于状态通道、Plasma、侧链的 Gas 费。相对而言，ZK 和 Validium 的 Gas 费会更高一些，而 Optimisitic Rollup 会相对低一些。

表 6-2　Layer2 技术对比

	State channels	Sidechains[Q]	Plasma	Optimistic Rollups	Validium	ZK Rollup
Examples	Pisa, Ceier	Skale, POA	OMG, Matic	OVM, Fuel	StarkEx	zkSync, Loopr
Security						
Liveness assumption(e. g. watch-towers)	Yes	Bonded	Yes	Bonded	No	No
The mass exit assumption	No	No	Yes	No	No	No
Quorum of validators can freeze funds	No	Yes	No	No	Yes	No

（续）

	State channels	Sidechains[Q]	Plasma	Optimistic Rollups	Validium	ZK Rollup
Quorum of validators can confiscate funds	No	Yes	No	No	Yes	No
Vulnerability to hot-wallet key exploits	High	High	Moderate	Moderate	High	Immune
Vulnerability to crypto-economic attacks	Moderate	High	Moderate	Moderate	Moderate	Immune
Cryptographic primitives	Standard	Standard	Standard	Standard	New	New
Performance / economics						
Max throughput on ETH 1.0	1⋯∞TPS[2]	10k+TPS	1k⋯9k TPS[2]	2k TPS[2]	20k+TPS	2k TPS
Max throughput on ETH 2.0	1⋯∞TPS[2]	10k+TPS	1k⋯9k TPS[2]	20k+TPS	20k+TPS	20k+TPS
Capital-efficient	No	Yes	Yes	Yes	Yes	Yes
Separate onchain tx to open new account	Yes	No	No	No	No	No[5]
Cost of tx	Very low	Low	Very low	Low	Low	Low
Usability						
Withdrawal time	1 confirm	1 confirm	1 week[4]([7])	1 week[4]([7])	1⋯10 min[7]	1⋯10 min[7]
Time to subjective finality	Instant	N/A(trusted)	1 confirm	1 confirm	1⋯10 min	1⋯10 min
Client-side verification of subjective finality	Yes	N/A(trusted)	No	No	Yes	Yes

（续）

	State channels	Sidechains^Q	Plasma	Optimistic Rollups	Validium	ZK Rollup
Instant tx confirmations	Full	Bonded	Bonded	Bonded	Bonded	Bonded
Other aspects						
Smart contracts	Limited	Flexible	Limited	Flexible	Flexible	Flexible
EVM-bytecode portable	No	Yes	No	Yes	No	No
Native privacy options	Limited	No	No	No	Full	Full

在吞吐量上，Rollup 的 TPS 相对弱于其他 Layer2 的技术。但如果以太坊 2.0 技术落地，实现了更多的分片，以太坊网络更强大之后，Rollup 的 TPS 就会大幅增加。其实，现在 Visa 的 TPS 也只有 2 000 的容量，所以过高的 TPS 也未必会非常实用。

对数据可用性而言，Rollup 系列技术是不存在数据可用性问题的。Plasma 和 Validium 的数据不可用且在链下。侧链虽然数据在链上，但侧链很容易被作恶，所以数据安全性也是很难保证的。状态通道在数据安全性上的问题不是很大，但有阶段性问题和 EVM 兼容性的问题。Optimistic Rollup、侧链、状态通道对 EVM 的兼容性相对比较好，可以跑智能合约，但其他 Layer2 技术就会比较差。

Layer2 的核心项目及衍生生态

前面的介绍偏重于技术的优劣、特色以及应用范围等方面，下面我们介绍 Layer2 上的核心项目以及衍生生态。

Optimism 使用的是 Optimistic Rollup 技术，Matter 使用的是 ZK Rollup 技术，Offchain 用的也是 Optimisitic Rollup 技术（但有衍生），StarkWare 和 Aztec 使用的是 ZK Rollup 的技术，不过 Aztec 做的是隐私保护项目，这些项目都受到资本的青睐。

每个 Layer2 技术都有一或两个相对比较龙头的项目，整体赛道呈现的二八定律趋势是比较明显的。这从图 6-8 以太坊八大扩容方案生态全景图可以清楚地看出来。

图 6-8　以太坊八大扩容方案生态全景图

大家要问，应该如何挑选 Layer2 赛道的项目呢？每个技术路径上的头部效应已经显现了,特别是技术难度相对比较高的项目,比如 Rollup 系列的头部效应相对明显。其实,我们可选的范围是比较小的。

选择项目的核心就是看团队技术实现的能力,特别是 ZK Rollup。因为项目未来是要做生态的,而这个生态和 ETH 密不可分,所以还要看项目和 ETH 的关系。以上是我们分布式资本关注的点。

至于其他的 Layer2 技术方案,比如,Validium 更多偏向托管型的 POA 系统,它和传统的关联度更高。我们关注团队本身,除了关注技术之外,还关注是否有传统行业的经验和背景。

状态通道更适用于小额支付和预测类的项目。我们会关注项目本身是不是做 C 端用户,比如游戏、小额支付等。

对 Optimistic Rollup 的项目而言,因为现在很多 DeFi 项目已经开始使用 Optimistic Rollup,所以我们会关注项目的技术能力,以及其与 DeFi 生态的关系。

ZK Rollup 的技术难度更高,和 DeFi 的关系也很重要,但我们会更多地关注项目的技术实现能力是否能达到要求。

不同的项目,选择时的关注点是不同的,但核心还是刚才提到的——团队的技术背景,及项目和 ETH 生态、DeFi 生态的关系。当然做游戏的项目就看项目和 ETH 游戏生态的关系。

另外,还要看项目做的事情是否符合技术的难度,或者说是否符合技术的特点。这样的项目一般需要很强的技术背景,比如知名院校相关专业毕业,之前有过在高难度知名项目中的工作经验,或者在某技术社区中是比较知名的。因为这些项目的技术难度高,肯定不会从现在开始做,应该是已经做了几年的。比如,Offchain 至少做了两年以上。正是因为已经做了这么久,这样的技术人员本身是有东西的,而不是空有理论上的概念。而且他们对工程上的细节了如指掌。这些都有助于项目白皮书的成功落地。

现在很多项目已经上了测试网，可以去了解技术到底如何。其实在 Layer2 没有盛行之前，BSC、Solana 等公链都在争抢以太坊的生态项目，它们通过自己孵化、在社区争抢等方式，希望把 DeFi 或 NFT 的应用放在自己的公链上。现在的一些公链，特别是 POS 机制的，TPS 比较高，Gas 费比较低，会让一些 DeFi 或 NFT 项目喜欢。但以太坊毕竟是以太坊，它是存在时间最长的公链。

ETH 的技术社区已经非常丰富和成熟了。如果让真正有技术和开发能力的技术人员到其他公链上是相对比较难的。那些新的公链无论是安全性还是抗压性，包括本身的价值观都没有经过验证，所以 ETH 社区中做技术和做投资的人基本都不会到 ETH 之外去开发和投资。当然，投机的人有可能转移到其他的公链上，但坚持长期价值投资的技术社区的人，包括 DeFi 应用不一定会进行迁移。

这就像有无数个 FORK BTC 的项目，但没有一个项目能和 BTC 相比。以太坊是一样的，它的时间是最长的，社区是有积累的，它的整个过程是被验证的，而其他公链想要取代以太坊是非常难的。虽然在 Layer2 出现之前，其他公链有一定的机会，但 Layer2 出现之后它们会更难。BSC 前段时间出现了各种黑客问题，这也是技术薄弱的体现。

下面介绍下 Layer2 衍生的场景。刚才提到，Layer2 主要为 DeFi、NFT、游戏、DEX 项目提供更高的 TPS、更低的 Gas 费以及比较好的安全性，但事实上 Layer2 还有一些其他类别的项目。

隐私

ETH 本身并不具备隐私功能，当然很早之前就有很多隐私链，它们本身是带有隐私属性的链。ETH 会用 Layer2 的方式解决，还有一种方式是从 Layer0 的角度解决，但更多是底层 IP、数据包的隐私，而不是交易金额和交易账户的隐私。

Aztec 是这其中技术和能力比较强的团队，它们来自英国，已经做了两年。Aztec 在以太坊基础上建立了一个 UTXO 层，使用零知识证明㊀来提升交易的隐私性。这个项目使用一个公开的、大规模的多方计算（MPC）方式来完成可信任初始化工作，并且开发了 zk.money 来让社区尝试它们的产品。目前团队正在开发 Noir 语言（Aztec 的 Rust 格式语言），将在 PLONK Rollup 中实现可编程的隐私保护。

转账支付

这里提到的转账支付和 DeFi 关系不大，更多是传统场景下的转账支付。Fuel 使用的是 Optimistic Rollup 技术，Hermez 用的是 ZK Rollup 的技术。

Fuel Network 于 2020 年 12 月 31 日上线，是第一个进入以太坊主网的 Optimistic Rollup 的落地方案。Fuel Lab 在 2020 年 5 月帮助 Reddit 开发 Reddit cash，用 Optimistic Rollup 技术扩展 Reddit 社区积分用例，实现了打赏机制。

Hermez Network 是一个 ZK Rollup 的解决方案，是免许可型支付网络，能够在实现大批量代币转账的同时大幅降低即时成本，它于 2021 年 3 月 24 日主网上线。

㊀ 零知识证明是一种特殊的交互式证明，其中证明者知道问题的答案，他需要向验证者证明"他知道答案"这一事实，但是要求验证者不能获得答案的任何信息。

跨 Layer2 流动性

因为目前有 6 种 Layer2 的技术方案，如果不同的项目选择不同的 Layer2，而一些 DeFi 交易又需要不同协议之间的结合，那如果不在同一个 Layer2 怎么办？现在有一个类别的项目就是专门做 Layer2 之间的流动性的，有点像 Layer2 跨链的概念。

Connext 和 Celer 的 cBridge 利用状态通道技术，在不同的 Layer2 网络中搭建快速的状态通道，原理类似比特币闪电网络[一]。DeGate 初期将通过中心化的资产托管方式提供跨链网络之间的交易，之后会转向中心化的解决方案。Hop Protocol 在不同 Layer2 网络中设立不同资产的桥接器，引入了特殊验证节点和 AMM 组件，最终实现资产在多网络间的转移。StarkWare 主要的方向是通过条件转账技术实现在不同网络间的资产可互操作性。Maker 将为协议发行的美元稳定币 DAI 打开一个特殊的资产桥，当 Maker 的预言机可以读取 Layer2 上的数据时，就可以安全且快速地提供 Layer2 到 Layer1 的即时转账通道。

以上是关于 Layer2 的一个整体介绍，其包括 Layer2 生态、Layer2 的一些延伸情况以及 Layer2 的项目。

[一] 闪电网络的主要思路是将大量交易放到比特币区块链之外进行，只把关键环节放到链上进行确认。该设计最早于 2015 年 2 月在文章"*The Bitcoin Lightning Network: Scalable Off-Chain Instant Payments*"中提出。闪电网络主要通过引入智能合约的思想来完善链下的交易渠道，其核心的概念主要有两个：RSMC（Recoverable Sequence Maturity Contract）和 HTLC（Hashed Time Lock Contract）。前者解决了链下交易的确认问题，后者解决了支付通道的问题。

互动问答

1. 提问：哪些项目比较需要 Layer2？

回答：

比较热衷上 Layer2 的项目有三类：DeFi、NFT 和游戏。目前看，后两者相对比较少，DeFi 是最多的，因为 DeFi 本身对安全性的要求比较高。然而在 Layer2 的 6 种解决方案里，安全性比较好的是 Rollup 的解决方案，但目前它更多只是处在测试网的阶段，还没法用。当然 Plasma 做得也挺好，所以现在更多项目用的是 Plasma，它可以解决一定的拥堵问题。

2. 提问：有这么多的解决方案，是阻碍还是促进了 Layer2 的发展？

回答：

我认为还是促进了其发展的。虽然 Layer2 有 6 种解决方案，但每种方案都有几个很专业的团队在推进，而且一些技术方案的技术难度是比较高的，也不能算是很占用资源，大家各自钻研各自的领域，毕竟 ETH 技术社区积累还是非常强的。Vitalik 说过，他最看好的还是 Rollup 的方案。

3. 提问：随着 Layer2 的发展，是不是会有资金回到以太坊？

回答：

个人认为肯定会的，但时间点不好说。毕竟 Rollup 方案还在测试阶段，还要解决安全性的问题，还有一些漏洞，到大规模可用还需要一段时间。

4. 提问：请比较一下 ETH 和目前一些新的公链项目。

回答：

ETH 是一条相对比较古老的链，它的账本时间非常长，经历过了各种磨难，包括黑天鹅事件、漏洞攻击、分叉，它的社区和共识是相当成熟的，忠诚度相当高。但 ETH 也有自己的问题，比如性能上有欠缺、Gas 费过高的问题。当然这些都是 POW 的历史遗留问题。现在 ETH 也看到了这些问题，改用了 POS 共识机制来解决。一些新崛起的公链项目，因为时间不够长，经历不够多，社区也不够大，真正核心的开发人员和创新人员以及有价值的巨鲸用户不一定会迁移到上面，而是依然会聚焦在 ETH 生态。

ETH 要解决上述问题，一个就是通过 ETH2.0，一个就是通过 Layer2。虽然现在其优劣尚不明确，但新的公链通过共识机制其实已经解决了 ETH 现有的 Gas 费高、性能不足的问题。此外，ETH 因为有遗留问题，先要通过 Layer2 来补充性能，之后再通过 ETH2.0 做共识机制的改变。

5. 提问：如何评价狗狗币？

回答：

分布式没有投过 Fork 类型的项目，分布式倾向于投原创类型的项目。

6. 提问：国内有哪些 Layer2 的项目？

回答：

路印算一个，它的团队是华人组建的。

MYKEY 团队做了 Degate，这是一个跨 Layer2 提供流动性的项目（相信朋友们对 DG 比较熟悉）。

7. 提问：本讲主题是投资人眼中的 Layer2，所以更多是投资人看好 Layer2 而并非全部吧？

回答：

我个人看好 Rollup 系列，更喜欢 ZK Rollup，因为它的验证是事前验证，从长期来讲价值更大，低延迟且技术难度更高。但现在对 EVM 的兼容性做得并不好，所以并不是很可用。分布式之前也投了 Offchain 这个项目以及 Fuel。我对不仅 6 个技术路径做了基本介绍，而且也就技术本身的优缺点和应用方向做了介绍。

8. 提问：DOT 做的是 Layer2 吗？

它不是 ETH 的分片技术，而是通过平行链来做跨链的。

CHAPTER 7
第 7 讲

DeFi 真能变革传统金融吗

沈雍乐,太平洋证券

DeFi

今天我讲座的主题是金融体系和DeFi世界的映射，主要分三个部分：第一部分介绍传统金融体系；第二部分讲传统金融的一些教训和思考；第三部分讲一下我对于DeFi的观点。⊖我认为去中心化⊜不应该成为DeFi世界的导向正确，在各个项目里面，我们都会把去中心化放在第一位，我认为这也许是不恰当的。

⊖ 本章根据沈雍乐 2020 年 6 月 23 日的讲座编纂而成。
⊜ 去中心化（decentralization）是互联网发展过程中形成的社会关系形态和内容产生形态，是相对于"中心化"而言的新型网络内容生产过程。相对于早期的互联网（Web 1.0）时代，Web 2.0 内容不再是由专业网站或特定人群所产生，而是由全体网民共同参与、权级平等的共同创造的结果。任何人都可以在网络上表达自己的观点或创造原创的内容，共同生产信息。

传统金融机构与 DeFi 的映射

这里介绍一下传统金融体系中货币是怎么创造的。举一个例子，如果要开办一家社区银行，会遇到三种关系：第一个是银行和企业或个人的关系；第二个是银行与央行的关系；第三个是整个金融体系和国际贸易之间的关系（见图 7-1）。

首先举例来说明银行与企业或个人的关系。如果我手上有 100 万元用于开银行，那我应该做哪几方面的考虑？管理一家银行最重要的一项工作是看一张表，就是资产负债表，这是会计里面一个最基本的管理工具。资产负债表，简单的制作原则就是资产等于负债加权益。权益就是我们拥有的本金——100 万元。我们拿着这个 100 万元开银行，要干两件事情：一件事情是找资产，最简单的方式就是放贷款；另外一件事情就是找负债，负债就是我们经常看到的银行分支行会去找的存款。

根据巴塞尔协议⊖的规定，银行的 100 万元最多可以扩充大概

⊖ 巴塞尔协议，又称资本充足协议，是巴塞尔银行监管委员会，为了维持资本市场稳定、减少国际银行间的不公平竞争、降低银行系统信用风险和市场风险，推出的资本充足比率要求。该协议在 1988 年首次订立，并于 2003 年作出了第二次修订，目前已经修订到第 4 版。

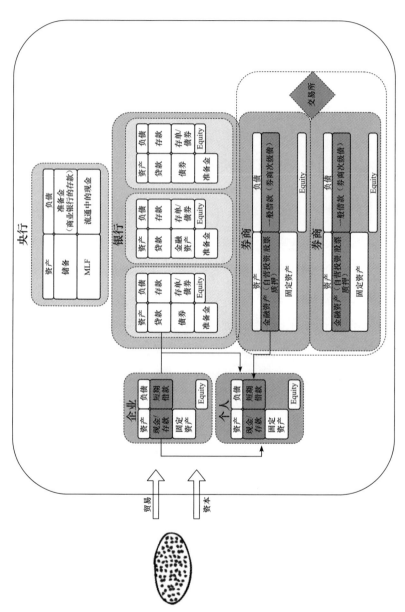

图 7-1 社区银行开办的步骤

10倍左右，也就是说拿着100万元，可以找到上限是900万元左右的存款，合在一起总共就有1 000万元，然后我再拿着1 000万元去放贷款。如果有人跟我借款，比方说他今天要买房子，会把房本押我这儿来，我同意借给他。那这个贷款的合同一旦签完，我开办的银行就有了资产与负债，具备一定的雏形了。这时候我们就涉及最常见的贷款创造存款问题了。

很多人会觉得存款创造贷款，但在实际业务当中我认为是贷款创造存款，为什么这么说呢？我们把前面提到的这张资产负债表稍微整理一下，可以看到，我的银行总资产是900万元，这些全是放贷款形成的；右边权益端是我自己的钱100万元，负债端800万元，这些是别人在我这里的存款，加起来900万元。这时突然有一个人来找我说自己要买房子，向我借钱100万元，我审核他的情况后同意借给他，此时你就会发现，在他的个人资产负债表上实际是资产和负债同时增加了100万元，即他在资产上多了一个银行活期存款，负债多了一笔中长期贷款；对于银行来说是增加了一笔贷款，也就是资产增加了100万元，而同时在负债端增加了一笔他存在我这儿的活期存款。这样一进一出，在整个体系上，这个人就多了100万元的活期存款。虽然之后他会拿这100万元存款买房，但在那个时间点，整个体系内就多出了100万元。这100万元就是因为我这家银行和个人之间发生了关系，创造出来的，所以这样一个过程就是贷款创造存款的过程。

在完成了基本业务之后，接下来就要涉及银行和央行的关系。这里有两个我们耳熟能详的词：一个是准备金，包括升准、降准（我们经常能听到);另一个是中期借贷便利○,这个我们也经常会听到。

关于准备金,我们还是继续前面这个例子。在 900 万元的贷款中,800 万元是存款和 100 万元我自己的钱,现在因为一笔房贷又变成了 1 000 万元。这 1 000 万元我实际上是由 900 万元的存款和 100 万元自己的钱组成的,如果这笔存款取走了,银行又把钱都贷出去了,还不上怎么办?这就需要所谓的准备金,现在假设准备金率为 10%。也就是说,银行 1 000 万元不能全部放贷款出去,需要留出 100 万元作为准备金。那这个 100 万元放在哪里呢?实际上是要放在央行的负债端,也就是说我们企业的"活期存款"是存在银行里的。也就是说 1 000 万元里面我的 900 万元是用于放贷款,100 万元我需要存在央行。

准备金分两种,一种叫法定准备金,另一种叫超额准备金。法定准备金就是假设 100 万元当中 50 万元是法定的,这笔钱在资产负债表上是动不了的。另外 50 万元就相当于"活期存款",是可以动用支配的,可以借给别人,也可以去放贷款。这里描述的就是银行和央行之间准备金的关系。

当经济状况不好的时候央行降准,比如之前 10% 是准备金率,其中 5% 是法定准备金率。当央行降一个点,那就意味着再给你多留存 1%,也就是在前面我们所举的 100 万元的例子当中,央行再多给了银行 10 万元,这 10 万元到银行账上的时候,就可以再去放贷款

○ 中期借贷便利(Medium-term Lending Facility,MLF),是中国人民银行 2014 年 9 月创设的一项针对中期基础货币的货币政策工具,对象为符合宏观审慎管理要求的商业银行、政策性银行,可通过招标方式开展。其具体操作方式为,金融机构提供国债、央行票据、政策性金融债、高等级信用债等优质债券作为合格质押品,由中国人民银行提供资金,以调节金融机构中期融资成本的方式,支持相关机构提供低成本贷款,目的在于间接降低社会融资成本。2015 年 5 月之前,MLF 操作均为 3 个月期限,而 2015 年下半年至年底都是 6 个月期限的,从 2016 年开始,中国人民银行创设了 1 年期期限的 MLF 操作。

了。这 100 万元里面本来你只能用 50 万元，现在你可以使用 60 万元。至于是用来买债还是放贷，取决于银行自己的决策，央行不做更多的限制。这就是准备金概念的简单描述。

现实中我们常听到降准，很少听到升准。其实升准在 2010 年以前比较多见，在 2010 年以后，由于经济进入新常态，经济增速放缓，金融周期是往上走的，所以央行希望多提供一点儿货币。另外，当中国经济占整个世界经济比重越来越大以后，大国准备金所需要的量是越来越少的。也就是说，我们的信用不需要过多的准备金。

另外一部分是 MLF。前面讲了房贷，你可以把 MLF 理解为银行向央行借钱。借钱的信用是怎么派生出来的呢？这主要通过抵押品。还是用之前的例子，900 万元的贷款，100 万元的准备金，这是资产端现在的情况。实际当中资产端可能 50% 是贷款，另外 40% 可能是债券投资。

如果这个时候央行出了政策，要做一个 MLF，一年期利率 4.5%，这也就意味着央行提供了一定的额度给各家银行去向央行借款，借款利率是 4.5%。于是银行就可以拿着自己 400 万元的利率债也就是国债，到央行那里去抵押借钱。400 万元押给央行，大概能借 300 万元，这 300 万元就到了银行的资产负债表上。体现为，一边是银行负债端提升了，多了一笔 MLF，也就是 300 万元，另外一边，资产端多了一笔央行借给银行的现金，或者叫准备金 300 万元，这 300 万元因为是银行存在央行账上的，所以叫准备金。400 万元抵押给央行，银行的账上就会多出 300 万元的钱。但与此同时，400 万元的债券仍然在银行的资产负债表上，也就是说，银行的资产负债表是扩张的。此处是需要注意的，它和准备金不一样，准备金这笔钱本来就属于银行，只是银行动用不了。

央行的 MLF 操作，意味着债券是银行的，与此同时银行扩张了新的一部分基础货币出来，如果说银行要和央行进一步发生贷款的话，可以在这个基础上进一步扩张，并有多种扩张的效应。这也是银行和央行的关系。

然后说一下国际贸易和金融体系的关系。如果某家银行辖区内有一家出口企业，那么该银行会面临什么样的问题呢？假设这个出口企业今天出口的货物收进来 10 万美元，到账后就会跟银行发生结汇行为。也就是说，这个 10 万美元他会先"卖"给银行，什么意思呢？就是这 10 万美元首先发生在银行的资产端。比如说，银行有 50 万美元等值的人民币可动用准备金，这个时候它就会用 10 万美元的额度去买 10 万美元，就在账面上形成了 40 万美元等值的人民币准备金和 10 万美元的存款。这个企业就会获得与 10 万美元等值的人民币，这样结汇就结束了。

过去一段时间，我们经常会听到一种叫外汇占款的货币创造方式。这种方式实际上是，当银行拿到 10 万美元以后，银行把这 10 万美元汇给央行，央行这个时候就会给银行一笔 10 万美元等值的人民币，银行这 10 万美元钱就进了央行的储备，"卖"给了央行了。在这个过程当中，我们会发现，银行本来的准备金有 10 万美元等值的人民币，但银行给了企业，企业多了这 10 万美元等值的人民币，银行却少了。当央行向银行"买"那个 10 万美元的存款的时候，银行的资产负债表上就多了 10 万美元等值的人民币。这时银行又可以用这些人民币来和别的企业发生关系，去创造货币，这也就是我们说的外汇占款。

但是，在最近的这一段时间里，外汇占款已经不作为整个金融体系创造货币的主要形式了。因为外汇占款是不创造货币的，为什么呢？现在，出口结束以后，拿到的美元存进银行以后流程就结束了。因为银行再去把美元存给央行的时候，央行已经不接受了，或者说暂停接受了。这就导致了现在的状况是，在银行间市场的美元存款利率是极低的，美元是超级多的。

前面我介绍了三种常见的派生货币方式，现在来梳理一下。如果要讲一些技术性的问题，那就是"印"钱有几种方法。我们前面提到了三种。

一种"印"叫作企业和银行的"印"。比如：你今天去银行贷款买房，这笔钱是新增的；今天企业去向银行借流动性贷款，这也是新增的，因为它是用企业的信用创造出来的货币。

另外一种"印"钱方式是银行和央行之间所谓的 MLF。这是通过国债创造出来的，一份国债创造一份货币，这是基础货币。基础货币和普通货币不一样的地方是，基础货币到了银行手上，银行还可以再派生，它和企业发生关系时又可以去创造货币。

再一种印钱方式就是我们说的外汇占款，现在虽然已经很少了，但是不可否认有这么一种形式。

为什么要提这三种方法呢？因为每次提到 BTC 的时候，经常会听到一句话——中心化可能会使央行"肆意印钱"。我想在这里说的是，肆意印钱这件事，在欧洲见得到，美国也比较常见。如果你要把中心化机构的印钱说成不负责任，那其实意味着什么呢？这实际上意味着银行和央行之间融资的钱可以是非常夸张的。在海外是注入的，也就是说，经常用 QE①的形式，央行主动直接

---

① 量化宽松（Quantitative Easing，QE）是一种非传统的货币政策，其由一国的货币管理机构（通常是中央银行）通过公开市场操作，以提高实体经济环境中的货币供给量。量化宽松与传统公开市场操作的区别，在于所购买的资产数额与风险皆较高（相对于短期国库券）。

购买银行的债，购买市场的债，然后银行的流动性就注入到这个市场当中，即基础货币就注入市场当中。这种形式和我国全然不一样。

所以，当遇到一些理财经理跟你说，M2扩张了很多，这时你要注意的是，M2扩张是指非银机构，就是企业、个人和银行之间发生关系导致印的钱很多。但是如果你仔细去深究为什么印钱多，其实和大部分人都脱不开干系。因为只要你相信房子或者说相信土地，信用的派生就会源源不断地创造出来，有了信用的派生，钱也就会源源不断地印出来。这个过程和企业有关，和个人有关，和银行有关，却和央行是没关系的。这是大家有时会误解的地方。

到这里我基本上就把一些常见的金融基础知识介绍完了，接下来我介绍一下跟 DeFi 相关的一些东西。前面我们介绍了银行，现在我们来看一下 Compound，这大家应该都比较熟。首先我想问大家一个问题，Compound 是不是一种银行？大家一直把 Compound 当作银行的范式来看，这没什么问题。但是如果往深处看，Compound 就不是银行。二者区别在哪里呢？区别就是，Compound 直接融资，银行间接融资。根据前面的这个范式我们会发现，Compound 是不创造货币的。如果我们把 Compound 的这个经济模型或者说业务模型简单来讲一下，就是你手上拿了一把币，然后放进这个池子，它会去读一下该币在这个池子里的价值，你要借的时候有就拿，没有你就借不到，在这过程当中没有创造任何的货币。所以 Compound 这个范式实际上是一个 P2P 的智能合约（见图 7-2）。

图 7-2　Compound 智能合约

　　Compound 和银行的区别或者说 Compound 所面临的一个局限是什么呢？比方说，你活期存款一个月或两个月，到期了你可以去拿。那 Compound 呢？如果说这个池子里的钱都被借走的话，Compound 是会锁住的，你的钱是拿不出来的，这是你没有办法规划的。这就是 Compound 的一个问题，是模型设计的一个缺陷，也是模型成立的一个前提。针对这个缺陷我想说的一个话题是什么呢？就是为什么过去 P2P 会被禁止，P2P 的这种业务模型问题出在哪里。另外我想讲一讲自己的观点，就是为什么我之前说阿里巴巴创始人在陆家嘴金融论坛上说的话只说对了一半。

　　我先来讲一下过去 P2P 为什么不行，因为 P2P 做的都是一模一样的业务。比如说我融入、融出一笔资金虽然都是和自然人做的，但实际上有一个中间人，这是因为期限错配。比方说我的一笔资金借进来一年借出去三年，或者说借进来一个月借出去一年期，融入融出的期限是错配的，那么平台具有一定的风险，而这个风险由平台的自然人或者法人来承担，即使这个法人非常用心地去管理，但由于他没有自己的资本，所以一旦出现问题，就发现他管不住，所以最后可能的结局就是跑路。但是对于 Compound 协议，我们可以看到，所有的池子都在里面，Compound 业务模型中不存在剩余价值的占有人或者说不存在实际控制人，它只是个智能合约，没有实际控制人，或者说实际控制人的职能被弱化掉了。在这个过程中所有人的钱都在这里面，钱你肯定能拿回来，只不过不是现在，钱在里面只有流动性问题，没有信用风险。

也就是说，Compound 这个智能合约的存在，使得 P2P 的模型在某种意义上变成一种可以实践的东西，但它还是有一定的问题。预言机一定要准确，预言机所读数的市场价格一定要够深够稳定，才可以让这个东西真正变成实际生活当中能看到的应用。

有人曾说巴塞尔协议过时了。那巴塞尔协议到底过不过时呢？如果我们把 Compound 看成广义上的银行，非要套在巴塞尔协议里面，巴塞尔协议确实是过时了。巴塞尔协议实践的原理是什么呢？就是认为所有的金融机构都存在外部性，也就是说它自己的经营会影响到外部的一些起伏，所以金融机构必须有一个承担风险的上限。这个上限怎么来决定？必须要和其净资本挂钩，这是巴塞尔协议的一个初衷。

所以不管你做什么样的金融业务，都要有一定净资本，这体现了你承担责任的能力。但在智能合约中，就不用净资本了，因为这东西写死了。写死了以后，就导致只要其净资产是确定的，那就是可以做的，巴塞尔协议就无法去管理这种类型。

如果 Compound 是在一个法人管理下做的，巴塞尔协议非要去管理这个法人，就显然管错了人，所以此时巴塞尔协议就错了一半。Compound 协议一旦做大了以后，它面临一个什么问题呢？那就是所有风险都集中在 Compound，Compound 风险由所有持有人来承担。一旦 Compound 出现问题，所有持有人都遭殃。它没有控制人，就意味着一旦出现风险没有人去承担责任。这种情况在我们国家的体系内相对来说难以想象，所以一定要用非常长的时间去把它做成熟。

另外再讲一个 AMC（Asset Management Companies）和 Liquity 的例子。AMC 即资产管理公司。1997 年金融危机以后，我国为了应对四大银行所面临的金融风险成立了四个不良资产管理公司，主要就是为了承接四大银行的不良债务。在此我需要稍微补充一下背景，便于大家去比较 AMC 和 Liquity。AMC 的出现缘于两个问题：一是亚洲金融危机和国际贸易受到冲击以后，我国沿海的一些企业出口受阻，于是企业的现金流回款出现了问题，相应的贷款逾期。二是一些企业面临流动性问题的时候会抛售手中有价值的资产，相应地对房地产市场造成了冲击。

大家都知道，银行的信贷主要来源于两方面。一方面的信用派生来源于企业；另外一方面的信用派生来自土地或者说房地产。这两个如果出了问题，等于整个银行的生息资产都面临着很大的风险。

如果是流动性风险，那问题不大，央行降准就可以了，央行给银行充足的现金，流动性危机就可以度过。但如果是信用危机，也就是资产质量的危机，那就没有办法通过这种方式去解决了，因为降准是解决不了底层的结构问题的。那怎么办呢？这个时候就应该出应对政策，即成立 AMC。如果说我今天抛售房子，房地产价格继续下跌，那我的资产质量会进一步降低，因此我不能卖房子，那怎么办呢？我可以把这一部分有问题、有风险的资产包，挪到一个不用体现这个市值的地方，我的银行就得以保住。整个亚洲金融危机是金融体系收缩导致的，所以只要我们相信这个金融体系的扩张或者信用扩张会修复，房地产市场就能修复，出口也能修复，只要拉长时间，AMC 就一定能够活下来。

接下来我们再来看 Liquity。我先讲一下 Liquity 是什么吧。Maker DAO 的运作机制大家应该都理解，就是押 ETH 借稳定币，现在在这个基础上多了两个东西，一个是 Stability 库（稳定池），另外一个是 Redistribution of Debt（再分配债务）。首先我讲一下 Stability 库是什么意思。Maker DAO 的机制就是押 ETH 借稳定币，ETH 出现了风险，怎么办呢？也搞一个"财政部"，这个"财政部"是"临时募资财政部"，什么意思呢？Maker DAO 的池子外面再放一个池子，把所有稳定币放那儿，如果一旦出现了问题，就把这些有风险的资产往那个"财政部"里去挪，或者往那个稳定池里挪，这样一来，整个 Liquity 协议内部的风险就得以控制。

另外一个是债务再平衡的机制，这相对来说需要解释得细致一些。还是回到最早我们讲银行的那个例子。比如说某一个人有一笔房贷，购买的是价值 200 万元的房子，需要贷款 100 万元，房子大幅跌价，比如说跌倒 109 万元，已经突破了银行自己的风控线，那怎么办？如果有 Stability 库或者说有"财政部"，那可以挪给"财政部"。如果没有"财政部"，怎么办？那就在所有的存款人当中进行再平衡。什么意思呢？现在的这个质押品实际是 109 万元，对于 100 万元的贷款，加起来的净资产是 9 万。今天如果有另外一个人，他在这个银行里存了 100 万元，这个存款把我的债务可以抵消掉，即你今天存款被我银行划掉了，虽然你存款一分没有，但是我给你 109 万的房子，你的净资产还是增加了，银行给你也少了 9 万，你的净资产是增加的。

这是一个两人的模型，当中一个人出了问题，触到风控线就可以将风险挪给另外一个人。那如果说另外一个人变成 10 个人，就根据他们所能承担的净资产额度进行分配，这个就是再平衡机制。这也就意味着存在银行的存款不是一个稳定的概念，而是一个变动的概念。这就是 Liquity 的创新之处，也就是智能合约赋予的银行风控能力的增强，这在过去或者说在传统上是没见过的。

前面我举的例子大家应该已经能理解了，我再讲一下合成资产。我觉得合成资产现在的愿景相对来说有点儿小，我想举的例子不是金融机构的。

先大致介绍一下整个合成资产赛道的发展历史。现在 DeFi 世界常见有三个合成资产，一个是 Synthetix，一个是 Mirror，一个是 Duet。它们各自对应的抵押品一个是项目的 Token，一个是算法稳定币，一个是任意的相对容易接受的资产，都是抵押，然后铸造。美债也好，股票也好，都采取这样一种模式。它的核心还是债务创造性，只不过它突破了传统——信用创造只是货币，现在的信用创造可以是任何东西，比如可以是股票，可以是债券。现在主流的合成资产应对的需求是什么呢？它应对的是，如果发现资本圈走入熊市，不希望你的钱继续留在合成资产上，而是可以在合成资产上继续留有传统资本市场的窗口，以此来达到 TVL 的维持，从而达成不用离开这个元宇宙的意愿。合成资产的意愿如此，但实际上这个想法还是有点虚无。

举个例子，如果说游戏公司私有化了，你的代币就会出现问题，如果说股票拆分了，你的代币也有问题，这都是合成资产一系列的问题。现在会用一些方式进行调整，但事与愿违，它没有解决任何问题。现在的愿景相对来说有一定的局限性，但是往远了看，合成资产还是有很大的发展空间的。最典型的就是这个 Duet 所提到的二重世界的一个愿景——本质上，你合成的资产一定是根植在元宇宙内部的。比如，今天我玩了个游戏，游戏的时间可以赋予我定量的积分。利用这些积分我是不是能合成一些东西呢？比如，合成项目资源或者合成一部分游戏内所需要的东西。随着游戏积分的增加和资历的提升，我可以合成的东西会越来越多。但是，这些东西一定是基于元宇宙的，它不会非要去锚定现实世界。事实上，我觉得不用锚定。合成资产的愿景本来可以更大，去锚定了反而把自己约束在里面，大家会提一些和现实资产相关的问题，这样你就会越做越困难。这是我自己的想法。

传统金融的历史教训

我们都知道，比特币是 2009 年开始出现的，发明者中本聪认为，金融危机的问题是因为中心化机构"搬运"钱。这件事大家应该已经耳熟能详，我想重申一下 2008 年金融危机以前的事情，就是《纽约时报》的一篇文章"*White House Philosophy Stoked Mortgage Bonfine*"（见图 7-3）。它是在金融危机之后发布的对布什政府的一个责难。这篇文章主要是想说金融危机的始作俑者，其实不是中心化机构，而是在金融危机以前 911 事件以后美国很长时间的金融自由，加上货币宽松，再加上过分的信用宽松。

> From his earliest days in office, Mr. Bush paired his belief that Americans do best when they own their own home with his conviction that markets do best when let alone.
>
> He pushed hard to expand homeownership, especially among minorities, an initiative that dovetailed with his ambition to expand the Republican tent and with the business interests of some of his biggest donors. But his housing policies and hands-off approach to regulation encouraged lax lending standards.
>
> Mr. Bush did foresee the danger posed by Fannie Mae and Freddie Mac, the government-sponsored mortgage finance giants. The president spent years pushing a recalcitrant Congress to toughen regulation of the companies, but was unwilling to compromise when his former Treasury secretary wanted to cut a deal. And the regulator Mr. Bush chose to oversee them an old prep school buddy pronounced the companies sound even as they headed toward insolvency.

图 7-3 《纽约时报》文章"*White House Philosophy Stoked Mortgage Bonfine*"

这涉及的一项政策叫作"居者有其屋"。就是说，过去金融自由一定程度上导致了贫富分化，美国政府觉得贫富分化很严重，希望用政策来进行调整，希望普通人也能住得上房子。它实际上是怎么做的呢？就是降低信贷的标准。原来贷不了款的人现在也可以贷款，银行随意去放贷，这确实可以弥补一些阶级上的差距或者说矛盾，但是与此同时也酝酿了一些金融上的风险。在这样一个逻辑当中，我们就可以看到经济的逐步发展会造成一定的分化，在这个分化当中，会有一定的阶级矛盾出现。金融自由和宽信用的政策可以短暂地解决这种阶级分化，但是长期来看会带来金融矛盾。因为借给贫困人的钱，他很可能还不上。这在某种意义上是普惠金融的一个难题。正是美国整个制度滥用货币政策，才导致了金融危机。

这个问题的解决可能需要中心化的政策。一旦出现了风险事件，你会把问题的根源划分在哪一层？中本聪划在了中心化机构随意干涉上，他觉得这是个问题。

结论

最后我想讲一些总结性的观点，就是到底什么才是好的DeFi项目。去中心化一定不是好和不好的判断标准。如果我们看整个资本圈发展的话，背后的资金是不是来自西方的资金，是不是代表了西方的某些审美趣味，是不是代表我们这些人喜欢这项技术，也希望通过这项技术受益，是不是代表我们的未来，我觉得我们得重新审视这些问题。

我们不能老是说去中心化，一上来就注重去中心化我觉得是不对的。我觉得比较好的方式是用低成本的方式稳定地做出代表整体利益的决策和行动，这才是一个比较好的定义，至于去不去中心化不重要。

我还想说，所有透支的东西一定不长久，它都会回归的。所以，不要觉得加杠杆或者说满足赌徒的需求是很重要的一个领域。赌徒的需求是一小部分需求，元宇宙的主体肯定不是他们。

最后一个问题，系统的稳定性和个体的自由之间的选择，这是长久以来的冲突，几百年都没解决，但我们要选出代表我们口味的一些应用或者说一些制度架构。

互动问答

1. 提问：从角色定位来看，DeFi 里的项目可以做怎样的定位？

回答：

我之前提到的 Compound 就像 P2P 的高级版，如果想要做映射的话，拿金融机构来说，我们一般会用万德或者彭博，但万德和彭博一般不对它的数据真实性做验证，可能未来预言机就会重构万德和彭博的这个位置。如果未来人工智能或者量化策略越来越多的话，肯定需要的数据会更准确，现在其实是达不到要求的。以后，类似的东西可以在真实世界去发挥作用，而不是像现在这样飘在那儿。

2. 提问：传统金融中不同产品的出现可以理解为信用的不断延伸。如何建立更扎实的下层信用作为信用基础？这会比传统世界里来得坚固还是脆弱？

回答：

下层信用基本上都是 BTC，最终还是靠 BTC 来出。

3. 提问：如果 DeFi 出现类似次贷危机的事件，人的作用和代码的作用，谁更能适合金融体系的可持续发展？

回答：

人。我还是相信人，代码过于刚性了，我不太相信。就像 Uniswap 事件一样，代码控制不住，还是要靠人。

4. 提问：我是将于今年毕业的金融硕士研究生，想问国内 DeFi 领域有哪些企业在研究和发展，有什么就业机会吗？

回答：

你可以多学习、多关注。这个领域变动比较大，政策也比较多。

CHAPTER 8
第 8 讲

产业区块链的坚守与行业未来之路

孙明明,数秦科技

DeFi

本章分享的主题是产业区块链的坚守与行业的未来之路,主要分为五大部分,即区块链+司法、区块链+金融、区块链+大数据、区块链+农业和区块链+医疗。㊀

㊀ 本章根据孙明明 2021 年 5 月 25 日在巴比特的讲座编纂而成。

产业区块链的背景介绍

2019 年 10 月 24 日，区块链正式被提升到国家战略的重要地位。这一天，对于一直在探索区块链技术和产业的结合以及应用的企业来讲是值得铭记的，因为之前所有的努力、所有的付出终于得到了国家层面的认可。

当今是数字经济的产业发展从计划为主转向以市场为主的一个关键时期，也是一个非常重要和关键的节点。现在的商业模式，很多是中心化的形式，重要技术被很多巨头所垄断，造成了资源分配不均等一系列的问题。

从 2013 年开始，数秦科技就已经从事区块链技术的相关研究，其中经历过矿圈、币圈，最终到链圈。同时，在 2013 年数秦科技着手研发国内第一台莱特币的矿机，2015 年它和长三院共同成立中国区块链应用研究中心（浙江），并获得长三院的天使投资。2018 年 6 月 28 日，数秦科技作为技术提供方，支撑了杭州互联网法院对全国首例区块链存证案例的宣判。2019 年，数秦科技参与研发并构建浙江省"最多跑一次"改革的银行业务应用，即浙江省金融综合服务平台，这是浙江省数字经济的"一号工程"之一。2021 年，数秦科技和浙江省金融控股有限公司合资成立了天枢数链，共同来构建浙江省产投融一体化平台和打造浙江模式的数据要素交易市场（见图 8-1）。

图 8-1　数秦科技主要项目简介

"区块链+司法"实际案例分析

第一部分我将介绍全国首例区块链存证获得法院认可的案例。

这个判例是 2018 年 6 月 28 日在杭州互联网法院审判的。2016 年，数秦科技就同司法鉴定中心出具了全球第一份基于区块链的电子数据鉴定意见书。之后又历时两年，最终在 2018 年被鉴定机构、企业和整个司法体系所认可。2016～2018 年这两年来大家对区块链的认知是比较模糊的，其中最大的一个难题是向整个司法体系包括相关的审判人员介绍区块链技术的特点。此外，我们还需要解释为什么区块链存证的有效性更强，以及需要做相关的技术阐释和说明。最终在 2018 年我们促成了首例区块链存证案例判决的形成。在同年 9 月份，最高人民法院发布了《关于互联网法院审理案件若干问题的决定的规定》。文件中重点提到，当事人提交的电子数据，通过电子签名、可信时间戳、哈希值校验、区块链等证据收集、固定和防篡改的技术手段或者通过电子取证存证平台认证,能够证明其真实性的互联网法院应当确认。这个判例有着划时代的意义,因为这样的一项技术真正被国家司法部门所认可。与此同时,在这个判例出来之后,出现了相关的存证行业,给整个司法行业带来了快速的发展和变革。

判例分析

我简单分析一下这个判例。前几年大家发现,在互联网上侵权违法犯罪的行为非常高发,而犯罪的成本却非常低。不管是图片、视频、音频还是文字,通过复制、粘贴就可以轻而易举获得。假如我是一个流量并不是很多的小博主,作为原作者写了一篇文章。当一个头部流量大的博主拿走我的文章,通过他的平台和渠道发布后,获得了流量或是收益,并没有我原创者什么事。但是这篇文章的作者是我,他侵犯了我的原创。如果我以自己的截图或截屏作为相关的证据,前几年从司法审判的角度来说,有效性是非常弱的。

如果用传统的方式去维权的话,我应该先去找公证处做公证,做完公证之后,之前侵权的文章会出现两种可能:一种是对方已经删掉,此时在互联网上查找对方的侵权痕迹或者行为是非常困难的;另外一种可能是我不告知对方而去找律师,让律师拿着我的相关材料去法院起诉。最终在法院进行开庭审判之后,侵权我的博主才会得到相应的法律惩罚,比如说道歉、删稿或者是赔偿。最终我会发现,耗费了大量的时间和精力,走完这套流程的成本可能要花费上万块钱,而最终拿到的赔偿却只有几千块钱,这样的结果进而导致类似侵权的行为更高频次地发生。对于原创作者而言,是非常不利的。

基于上述这种情况,我们是怎么做的呢?这就是我们在杭州区块链第一个判例的处理情形，现在跟大家做一个分享。当时《杭州日报》的一名记者写了一篇新闻报道，后来被深圳的一个小门户网站拿过去，没有标注来源而直接发表出来。当时我们已经和《杭州日报》建立了合作，所以在这名记者发文的同时，我们就即时把文章上线并上传到"保全网"，先进行了确权，后续我们又对侵权的证据进行了"固定"。由于互联网上的传播来无影去无踪，当我把证据固定下来之后，即使对方删稿，我的证据也已经保留了下来。表面上看似存在了保全网上，实质上是存在整个司法联盟链上。

司法联盟链上涉及的这些节点包含律所、公证处、鉴定机构等。当在保全网上存的证据和司法联盟链上的节点实时同步的时候，这些证据的司法有效性就变得比较强。因为之前的证据已经固定，即使对方把证据，即当时侵权的文章删掉，只要我把相关的证据提交给法院，法院是可以认定为有效证据的。现在大多数法院对于整个司法联盟链上的节点包括鉴定中心、公证处、法院、律所，也包括保全网上存的证据，是可以直接认定的，后续不需要再出具司法鉴定意见书和公证书来证明。这就是证据的司法有效性，目前已经形成一套体系流程（见图8-2）。

图8-2 首个判例背后的存证体系

由于区域地理位置及经济发展原因，在一些偏远的地区，对于区块链存证的认知较低。在一些经济发达的地区，如果法院需要相关的证据来说明，可以直接运用当时保存的这些证据。因为我们已经跟公证处、鉴定机构，包括各个节点进行了同步。它们可以直接出具相关的公证书和司法鉴定意见书，通过传统加技术的手段来证明这个存证具有司法有效性，这就是"区块链 + 司法"。我们能够做到让数据变成证据，数据快速上链，同步至鉴定机构、仲裁公证处、律所，包括其他的鉴定机构。证据事实一旦存完就可以进行线上的快速解决。事前多方介入，同步存下证据，增强信任激励，重现事实真假。这种方法主要可以用来处理小额、高频的案件，也就是在互联网上频发的上述类似事情。

目前，"保全网"基于区块链技术，面向全行业提供存证确权、侵权监测、在线取证、司法出证等服务，为上百万用户提供数据权益一站式解决方案。作为"全国区块链存证第一案"的独家技术支持方，"保全网"区块链存证技术已获得全国多地区多层级法院采信，并与多家司法鉴定中心、公证处达成生态合作，包括中保信、银行、券商、国家市场监督管理总局、最高人民检察院等。"保全网"相当于把"区块链 + 司法"的应用和其他的行业进行相关的延伸和拓展，从而形成了行业的创新。目前全网司法联盟链上的上链数据已经突破 7 000 多万条，形成了 1 000 多例的司法判例。虽然判例看着比较少，但是每一个判例的背后，至少有 10 个案例已完成。因为很多事实证据清晰的案例，已经不需要法院开庭审判了。如果要开庭审判一定会增加更多的成本，而这个成本肯定是要由侵权方来出的。事实上，很多侵权方在看到这些证据事实清晰之后，为了减少开庭审判的成本，他们愿意做出相关的让步，比如说采取道歉、赔偿等行为。所以我们虽然看到的判例只有1 000多例，对于互联网来说这个量不是很大，但是对于"区块链＋司法"这一块，目前的体量还是比较可观的。

未来之路——链网

接下来我要分享的是产业区块链的未来之路，我们叫业务驱动，即生态合作的链网结构。

大家可以看到这样一张链网的结构图（见图8-3），这也是我们目前在做的领域，我们叫"3+2战略体系"。该体系以"政法＋数据＋金融"为基础，另外，医疗、农业也是我们今年新尝试的领域。我们希望通过政法、数据、金融的资源网络和技术，向医疗、农业做相关的输出，发挥链网的最大价值。区块链最大的价值并不在于内部的管理和创新，而在于横向的协同。因为它是一个降低信任成本的技术工具或者手段，所以我们叫业务驱动，也是一种生态合作。

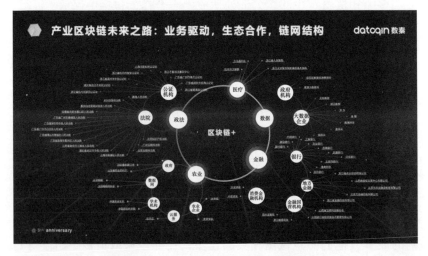

图8-3 产业区块链链网结构示意图

随着"保全网"业务的不断增多，我们的业务也在不断地拓展，特别是在司法、证据、审判领域。我们的服务机构有公证处、鉴定机构、律所和法院等。我们希望帮助国家把公安、检察院、纪委等一系列部门的数据打通，形成"区块链+政法"这条线。我们也是基于区块链的技术，面向全行业提供存证、确权、侵权监测、在线出证、在线取证和司法出证等服务。

目前"保全网"还有另外一块业务，就是为品牌方做相关的服务。我举一个场景来分析具体如何操作。大家经常用到购物平台，如果作为品牌方，发现购物平台上有卖其高仿产品，它如果要去处理的话，流程是非常麻烦的，且周期长。它首先需要去找公证处，找鉴定中心，然后再找相关的法务团队去取证。要从平台上拿到假冒伪劣产品的销量数据是非常难的。

那我们现在是怎么做的呢？品牌方只需要跟"保全网"签订一个授权书，其他事情全交给"保全网"来操作。具体有哪些侵权的线索，"保全网"会通过技术的手段去抓取，然后通过品牌方进行校对。在确定了哪些品牌方被侵权之后，我们会通过公证处处理知识产权的公证业务。通过公证处，我们的知识产权保护平台是可以向第三方平台要到店铺的销量数据的。因为这些假冒伪劣的产品卖多少，造成了多少损失，只有数据才能给出具体的数额。当把这些证据固定完之后，我们再去跟相关的律师、法院进行协同，再谈具体的赔偿。我们现在和品牌方合作的模式是，你把授权给了我，我们免费帮你做打假维权相关的服务。如果品牌方通过维权挽回了一定的经济损失，你就付给我们一些相关的人工或者是成本费用。目前我们和全国很多法院也有一些类似相关的合作。

"区块链+金融"实际案例分析

"区块链+金融",也就是构建可信数据平台,建立数据共享对接(见图8-4)。

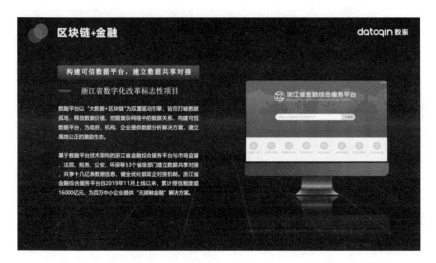

图8-4 浙江省金融综合服务平台——"区块链+金融"实例

该平台于2019年年底上线,作为浙江省数字经济一号工程来解决中小企业融资难、融资贵的问题。该平台前几年做P2P的初衷就是解决中小企业融资难、融资贵问题,但P2P骗局的爆雷事件频发,监管部门为了整治行业乱象,把所有的P2P行业一刀切进行了清退,甚至直到现在也在陆续清退中。但中小企业融资难、融资贵的问题依然没有得到解决。因为中小企业不像国企、央企和上市公司,后者有大量的产业和资产,如果要去银行贷款、融资或者授信是非常容易通过的。中小企业多数没有固定的资产,它们融资难、融资贵的问题依然存在。

我们做的浙江省数字化改革标志性的项目,打通了浙江省内中小微企业在政府部门的所有数据。这些数据涉及医保、社保、工商知识产权、发明专利等一系列的相关数据。通过这些数据来证明中小微企业是存在的，是良性循环的。在2020年新冠肺炎疫情来临的时候，很多中小微企业面临资金链断裂的情况。但是因为之前的可信行为通过数据的形式展现出来了，我们根据各个银行的风控体系，把数据的结果反馈给银行，银行通过这些数据就能够为这些中小企业进行赋能。

数融平台以"大数据+区块链"为双重驱动引擎，旨在打破数据孤岛，释放数据价值，挖掘复杂网络中的数据关系，构建可信数据平台，为政府、机构、企业提供数据分析解决方案，建立高效公正的激励生态。基于数融平台技术架构，数秦科技参与了浙江省金融综合服务平台的开发与建设，并成为首个标志性案例。该省级平台以"破解企业融资难、融资贵"为建设目标，坚持政府公益性服务金融的定位，实施"融资畅通工程"，推动提升金融服务实体经济质效，切实解决了中小微企业燃眉之急，满足企业资金需求，为广大企业提供了便捷可靠的金融保障。浙江省金融综合服务平台通过数据服务模式，实现银企双方高效率对接，目前已与市场监督、法院、税务、公安、环保等54个省级部门建立了数据共享对接，与省发改委、省经济和信息化厅、省市场监督管理局、省财政厅、省税务局等部门建立了跨系统业务协同机制。浙江省金融综合服务平台自2019年11月上线以来，累计授信额度超万亿元，为百万中小企业提供"无接触金融"解决方案。"区块链+金融"的模式切实解决了中小企业融资难、融资贵的问题，深刻体现了区块链的经济价值和社会价值。这是我们在区块链和金融领域做得最成功的一个案例。

"区块链+大数据"实际案例分析

2021年，由浙江省金融控股有限公司牵头，联合浙江数秦科技有限公司、浙江沣华投资管理有限公司共同成立了浙江天枢数链科技有限公司（见图8-5）。公司致力于建设省级数字经济基础设施，打造全省产投融一体化大数据平台，推动数据要素市场建设，加强垂直应用平台协同创新。在金融科技背景下，天枢数链综合运用大数据、区块链等先进技术建设数字化平台，成为浙江省金融控股数据纽带的重要组成部分。公司基于浙江省数字化改革"1+5+2"架构规划提出"1+1+N"整体解决方案，通过一个开放式平台、一个一站式门户及N个应用矩阵，数据驱动，聚链成网，加速赋能产业数字化转型，全面助力浙江省数字化改革。而浙江省金融综合服务平台，在打通政府部门数据的横向协同，在金融领域，在银行和中小微企业之间发挥了巨大的作用。

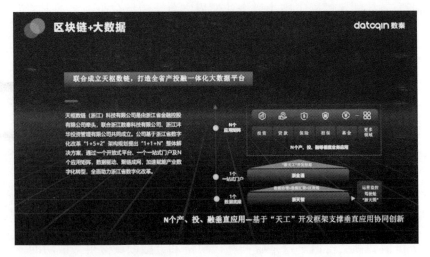

图8-5 天枢数链——"区块链+大数据"实例

天枢数链是通过区块链的技术和可信隐私计算以及人工智能技术融合形成的。这些数据通过技术手段，实现可用不可见，从而使这些数据流通起来。浙江省对于数据这一块的政策支持力度是非常大的。其实包括浙江省在内的很多省份，把政府的数据定义为国有资产，这个定性的规格是非常高的，一般的人或者企业是不能触碰的。浙江省把这一部分的数据资产定义为国有非权益性资产，对数据做了重新定性和划分，也就是这部分数据可以通过技术的手段，在确保安全的前提下让它流动起来，从而发挥数据的价值。

"区块链+农业"实际案例分析

目前我们所了解的"区块链+农业"，包括市面上也有很多给农产品贴上区块链的二维码标签，从本质上来讲采用二维码标签旨在解决农产品溯源的问题，并没有解决农业领域的核心问题。农业领域的真正核心问题是：第一，能否给农民、农企带来创收；第二，除了溯源还有没有其他的功能。当然区块链增加农业溯源是其中的一部分，但是更多的应该是跟整个产业进行结合。

我们是怎么做的呢？我们的技术已经在数据、金融、政法领域落地应用，现在只需要把这三块的资源和技术对接农业进行赋能。目前国家对于农业的补贴政策力度非常大，但是在我国一些中西部省份，仍然存在很多问题。比如说这些补贴有时并没有到真正需要的农民手上，造成了资源分配不均的情况。当农民想要提高产量、拓展规模的时候，他们向银行贷款，但授信是极为困难的，因为农业风控对于银行来说更为严格。我们是怎么做的呢？数农平台以"区块链＋大数据＋物联网"为三重驱动引擎，围绕农业生产、供给、消费、监管、服务五大场景，以数字技术赋能现代农业为实现路径，为农户、农企、消费者、农业管理部门和农业科研机构提供全方位的可信跨域协作生态。平台依托物联网设备和大数据技术，通过对农业产供销全链条、全渠道的矩阵式数据采集及治理，形成农业大数据基础，并依托区块链技术的不可篡改、可验证以及司法有效等，对农业和大数据形成信息与价值锚定，使其从单点消费的互联价值向多元产业互联价值扩展，进而聚合农业各产业、各相关方、各业务场景，实现农业业务多元化、管理智能化、产业融合化。

图 8-6 显示，农产品从生产到销售，大致经历了多个环节。从生产环节开始，可以通过 LTE 物联网的设备，对农产品进行溯源，采集相关的数据。采集到的数据具体怎么用呢？第一，能够确保这些农民是确实在种植这些农产品。第二，这些数据可以给到监管方，监管方能够保证国家对农业补贴的政策直达。第三，实现在金融领域的一个赋能。我们把这部分数据给到金融行业，包括保险、银行，从而把金融的赋能和农业进行结合。有了这些结合，农业才会有更快速的发展。第四就是溯源。因为人们对于农产品的安全性要求非常高，我们会配合科研机构和监管部门对这些农产品的生产过程进行科学精准的防控和指导。第五，监管部门对农产品的生产过程进行监测，检查农产品会不会过度使用化肥或一些有害物质，如杀虫剂等，这一系列的数据都可以让监管方及时地参与，从而保证农产品的绿色和健康。

第8讲 产业区块链的坚守与行业未来之路

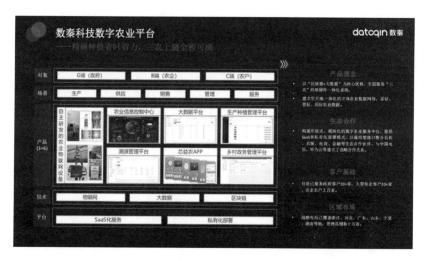

图 8-6　数秦科技农业平台——区块链+农业实例

"区块链+医疗"实际案例分析

2021年年初，医疗领域出现了一些科研论文的数据造假，包括数据盗窃的现象。特别是在大型医院，它们实验室仪器的数据被剽窃或者说被盗用的情况是较多的，而要去解决这些问题是比较困难的。因此这里我们把司法的资源和医疗进行了结合（见图 8-7）。

第一块就是对医院的医疗器材，包括实验室在内的一些数据，结合我们的知识产权保护中心和资产平台，从生产的源头进行上链存证。后续如果再出现盗用剽窃的现象，我们可以及时地做出相应处理，大大地保护了医院科研数据的有效性。

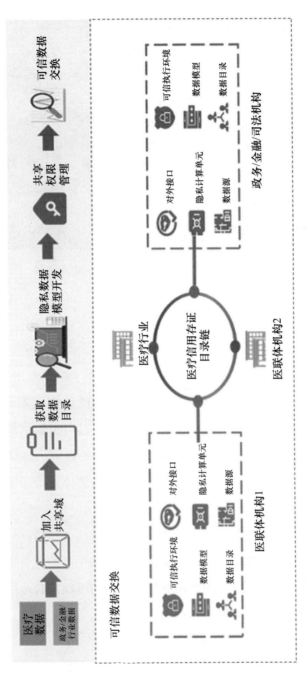

图 8-7 "区块链+医疗"的应用流程图

第二块是病历数据的上链。举个例子,比如说我今天去一家医院做了全方位的体检,这家医院留下了我的体检报告。某天我手不小心划了一个口,当我去医院做一个简单的包扎时,这家医院就能够看到我之前所有的就诊情况、病历和体检材料。对于我本人来说,这就可能造成了我数据隐私的泄露。所以我们通过运用区块链技术和病例的结合保障患者的数据安全隐私,也就是只有在得到患者授权的情况下,数据才会开放给相关的医生看。目前区块链和医疗结合的这一块还是偏向于数据的保护和数据的上链,其他领域还在继续探索当中。

总结

以上是我们所做的区块链跟产业结合过程中总结出来一些经验,即高密度的跨域融合和生态裂变(见图8-8)。

图8-8 产业区块链核心价值总结

我们从 2013 年开始做区块链技术的相关研究，一路走过来经历了很多，也逐渐明白区块链的价值。和大家分享一个小故事，也就是我们给交通运输部路网监测与应急处置中心（后简称路网中心）做了高速 ETC 发卡记录的上链项目。由于以前在高速公路路口 ETC"大车刷小卡"的现象十分严重（据统计，仅广东一年的高速公路路口大车刷小卡的费用就达到 10 个亿），如果交通部门投入相关的稽查监管在各个高速路口卡点追查的话，最终会发现一个问题，即存在入不敷出的现象。后来我们结合中保信的可信数据和我们在司法领域的数据，再结合路网中心的项目需求，做了一套整体的方案，以解决大车刷小卡的现象。我们主要是通过可信的数据把违法行为存证和司法部门进行线上打通，而不再需要去各个高速路口卡点、蹲守，因此大大降低了成本，提高了效率。这也体现了区块链在横向上协同的价值。

基于区块链技术，我们在金融领域落地之后，又在司法领域落地，金融、司法两个不同的领域相融合又产生了哪些化学反应？这就是金融综合服务平台的智慧诉讼平台。在金融领域，我们目前对中小企业的授信额度已经突破了 2 万亿元。对于这些授信的额度，以及对这些企业的贷款，银行也会有一部分。比如中小企业经营出现问题，肯定会有不良资产的存在。如果采用传统的手段，银行相关的法务人员要去搜集相关证据，去法院排队摇号，再起诉开庭，最终才能对这些具有不良资产的企业进行相关支付。不良资产处置的流程周期非常漫长。据统计，最快可能是半年，平均在一年到一年半。如果通过金融和司法的结合，可以加快处置流程。目前我们的授信额度全部是基于线上的，即在线申请，在线放款。我们把这些流程、记录证据链条同步至法院，所以当出现违约或者是老赖这种情况的时候，法院可以直接在线快速审判，快速处理。这都是金融＋司法带来的，既改变了原有的规则，也提升了效率。

区块链在司法方面的价值体现在能够做到辅助线上立案和智慧审判，这相当于给银行端做了贷后的风险出清以及提供了金融债务纠纷的高效处理通道。区块链不仅仅在单一的行业落地，还跟整个横向的产业做宽域的协同，并发挥出巨大的价值，其实主要就是解决高频点击的线上确权监测维权。

关于区块链＋大数据的仲裁系统平台，我再简单做一个分享。我们为很多客户做完这类项目之后，发现大家的需求大同小异，就是说虽然存在一定的差异但并不是很大。所以我们快速形成两个输出：一方面是技术的输出，包括区块链技术、大数据、人工智能、可信隐私、安全性、计算成本。另外一个是资源的输出，我们通过自身的技术和资源，通过平台进行快速的落地和部署实施。当发现用户需求之后，我们基于整个平台相关的技术模块、资源模块，就能使相关的技术快速落地和应用。我们目前主要聚焦在金融司法、金融政法，还有大数据、农业和医疗这几个领域。

互动问答

1. 提问：与传统的电子证据相比，区块链存在的优势有哪些？

回答：

第一就是区块链技术改变了原有的规则，原来不被认可的，现在可能会得到认可。第二是改变了横向的协同关系，因为传统证据想要得到认可是需要多方参与的。现在通过联盟链和各个节点的打通，我们可以直接在联盟链上的任何一个节点完成相关的证据存证，并且所有的这些都可以同步进行。所以它最大的优势就是发挥了区块链横向协同的价值，能够把证据有效、快速地存证下来。

2. 提问：杭州的产业区块链企业中，很多实力不弱，为什么数秦科技可以在浙江省金融综合服务平台项目中脱颖而出？"保全网"跟金融也没有关系，数秦为什么有能力拿到这个标志性项目？

回答：

第一，数秦的脱颖而出和这么多年的行业积累有关。我们也做了一些相关的案例。数秦跟其他企业存在的本质区别就是，我们相对而言比较聚焦。我们不是什么都做，但我们一旦选定项目了，就会深入研究。在司法领域，大家也知道市面上有很多跟我们做存证类似相关的公司。但是现在的问题是，在它们那里存完证之后，如果真正要用这些证据的时候，它们的司法有效性到底有没有，司法认可度又有多少，这些问题都不能保证。相反在"保全网"里存的证据，我们是可以确保具有司法有效性的。因为我们司法联盟链上跟公证处、鉴定机构、律所这些传统的司法机关进行了深度的合作，所以我们通过技术的手段实现了与传统的结合。"聚焦"是我们脱颖而出的一个原因。

第二，至于说数秦为什么能够拿到这个数字化改革的标志项目，是因为从整个团队来看，以我们的经验及各个方面的能力，我们能够始终如一地解决真正的问题，而不是只做一锤子买卖。从和大家分享的几个案例可以看出来，我们希望技术和产业深入落地，以解决现有社会所存在的问题。我们核心的价值观叫守正出奇。正是因为我们坚持这一原则，所以才会有这么多的收获。

3. 提问：数秦人员在招募的时候有没有困难？

回答：

这个是有的，我们招不到人才。现在区块链行业对人才的要求非常高，而且综合能力要求也比较高。相对而言，技术人员还好招一些。对于业务型的人员，要求其不仅懂区块链技术，还要懂其他行业，比如说要有数据金融、政法、农业、医疗甚至是其他行业的相关经验。因为只有了解这些相关的行业，才能去通过区块链技术对这些行业存在的问题进行相关的改革，从而带动整个产业的发展。如何保证自己团队高效扩充，除了人才引进，我们自己内部也在做相关的人才培训。另外，在监管部门的引导下，我们跟巴比特和一些头部企业在做人才的培养，也包括跟高校的合作。这都是为了解决自身人才不足的问题。

4. 提问：保全网的数据存在哪里？

回答：

保全网的数据是存在数据源的，因此就要看其类型。比如，对于我个人来说，我可以选择存在本地，也可以存在云上，或者存在保全网上。最关键的一点，是把哈希存在保全网上。因为有很多企业的律师，他们的一些合同资料是保密的，要求会比较高。所以我们对于这种客户，不太建议他上传源文件，而是把源文件的哈希给我们上链就好。如果说出现后续相关的违约侵权，我只需要把哈希和源文件进行比对就可以了。在前面的康师傅举例中，淘宝中心平台提供的销售数据，就是要求即时性和时效性。但是如果这个店铺存在的话，这些数据是可以拿到的，并不是我们保全网去向第三方平台拿数据。通过公证处和司法部门，我们把证据做实之后再去向它们索要相关的数据，这样就得到他们的支持且可以公开的。有了这个数据之后，才能判定具体的售假损失情况。

我们目前没有完全做区块链金融贷款这块，或者说目前我们已经在做，但是还没有产业化、规模化。我们认为它还没有形成像司法、农业、金融这么大的一个案例。刚才和大家提到，我们要发挥数据的价值，通过区块链的技术和可信值计算的技术来实现数据的可用但不可见。它应用的场景非常多，所以在监管合规的情况下，我们会做相关的业务尝试和探索。

CHAPTER 9
第 9 讲

元宇宙漫游指南：从区块链游戏思考元宇宙化

吴啸，纯白矩阵创始人&CEO

DeFi

本章的主题是元宇宙漫游指南,从游戏区块链中思考元宇宙化。⊖

纯白矩阵是一家专注于区块链核心技术研发的公司,它们在区块链的技术以及全球开发者生态上都是处于国际领先地位的。此外,它们最被世人熟知的是,有一个全球开发者生态,目前覆盖了全球164个国家,其中包括非洲40多个国家的开发者都是它们的成员。

如果把区块链分成三层,它的底层包括以太坊,也包括BSC、蚂蚁、华为等。最上层应用包括存证、监管、溯源,国外最近比较火的可能是DeFi。纯白矩阵是做中间层的,就是把最上层应用快速地编译、部署到不同的区块链中。

⊖ 本章根据吴啸2021年8月5日在巴比特的讲座编纂而成。

元宇宙与区块链游戏

我们发现有很多国内公司，包括腾讯，在积极地投入到元宇宙与区块链游戏赛道。为什么这些公司愿意去做这个方向呢？主要原因是区块链和游戏的结合，能够让我们看到一个更远的元宇宙。

几个月前，我们和香港中文大学（深圳）蔡玮教授合作的时候，就开始用"元宇宙实验室"这个词，但其实当时我们并不知道元宇宙的具体概念。国外对元宇宙是有个对应的词"Metaverse"，但是当时在国内到底是不是用元宇宙这个译法，我们还不太清楚。直到今天，我们发现"元宇宙"这个词被大范围地提及，大家也都愿意去深入研究它了。

"Metaverse"这个词最早是源于 1992 年 Neal Stephenson⊖的一本小说 *SNOW CRASH*。在这本小说里，Metaverse 是指一个脱胎于现实世界，但又与现实世界平行，同时相互影响，并且始终在线的一个虚拟世界。我们可以根据不同的设备连接到元宇宙中，在里面做各种各样的事情，包括在里面玩、查资料、学习和生活，等等，甚至很多人类生产的过程都可以放到元宇宙之中。

⊖ Neal Stephenson，1959 年 10 月 31 日出生，美国人，他曾经做过计算机的编程员，非常了解电脑网络和黑客生活。1992 年因发表 *SNOW CRASH* 小说而一炮走红，一举确立了科幻小说大师的地位。

文字性的描述并没有那种直观的感受，我们可以再看一下 *Ready Player One*（《头号玩家》）这部电影，里面很多场景其实已经是元宇宙的初级阶段。Metaverse 是一个能够承载人类终极幻想的神秘空间，也是一个三维空间。其规则都由代码决定，并不像我们现实生活中的一些规则，比如说物理碰撞、某件东西的大小、时间等，在原作中对于计算机来说都是一个变量，很多是可以定义的。

电影《头号玩家》里面的主角，戴着 VR 眼镜在虚拟世界 Oasis（绿洲）通过玩各种各样的游戏攒积分，然后换成现实中的一些装备（见图 9-1）。可以想象，Oasis 里面有非常多的增量市场，这些由计算机生成的代码或者场景，其实并没有花费太多的边际成本。打一个简单的比方，我用电脑创造了一个场景，如果要再做一个类似的场景，那我需要花费的边际成本是相当低的，因为它并不像现实生活中需要有原料以及在这个世界的其他成本，在计算机中这些都是不需要的。就像我们玩游戏，在你做了一些场景后，再往后只会越做越快，因为这期间只需要很多文字，后面其实要稍微带点儿想象力。

图 9-1　头号玩家电影海报

最近好像有个说法，互联网企业的工作时间经常是996，大家都开始内卷起来了，为什么卷起来？就是因为传统互联网所带来的增量市场开始收敛了。在这种情况下，我们需要有更多的这种资源和增量。虚拟世界是可以避免存量互割的，并且可以一劳永逸。在现实世界中我们做一些实验需要花费一些成本，但在元宇宙中或者在这个虚拟世界中，只要我们能模拟出来，同样的实验可以做无数遍，而且并不需要更多的成本。

在现实生活中我们可以大鱼大肉，可以吃喝玩乐，但是在虚拟世界中我们可能就跟黑客帝国 Matrix 一样，只输点儿营养液就可以享受到这些快乐。因为它本质上是对大脑的一种刺激，更需要脑机结合技术的增长。

整个世界中，并不单单是娱乐方式可以到元宇宙中去实现和完成，更多人认为，科研、艺术、教学、开发、设计等都会到元宇宙中去实现和完成，特别是如果脑机结合技术有一定突破的话，这件事情会更加快速地向前推进。

比如说在元宇宙中做画，我们可以画很多幅，但在现实生活中，我们的时间是有限的，那我们可能就会大规模地把画推广到元宇宙中去做。

未来会有很多有创意的团队，这些程序开发者会在元宇宙中去做各种各样的项目，无数的资本会把钱投给这些项目方，让他们去做各种有意思的事情。在这个过程中其实也可以找到一些新的增量，就像当初互联网一样。虽然有很多泡沫，但是最后我们发现它真的是一种更高效的通讯方式，是一种更高效的科研方式以及提升个人生产效率的工具。在这样的过程中会有非常多有意思的东西被探索出来。如果我们发现在元宇宙中做一个事情的效率可以呈几何倍数提升，我相信整个人类 90% 以上的活动是可以放在虚拟世界中的。

关于元宇宙和区块链游戏，我们今天有很多人已经把时间花到了微信和抖音上，其实已经有点相当于在虚拟世界了，只是我们身在其中，并没有那么多的沉浸感。也许未来我们只要带一个头盔或者眼镜，就可以帮我们直接连到元宇宙当中。那这跟区块链有什么关系呢？我们今天的世界和元宇宙相比到底在哪些方面还有差距呢？

第一个是 Perception，即感知层。它包括 VR、AR、图像引擎、游戏引擎、光线渲染、光线追踪等这些技术的投资和应用。只有让我们人类看到以及感知到元宇宙世界，我们才愿意继续向前走。

第二个是 Regulation，即规则层。如果身处一个像"头号玩家"这样的世界之中，我相信各国的开发者和有创意的创业人员都会到元宇宙中去一探究竟。在这样一个开放的世界中有各种各样无数的创意被实现，那它的经济底层会是什么样的呢？它会完全接受用人民币或者用美元去付账吗？答案是不一定的。

其实我们会发现，元宇宙经济系统的底层规则建立在世界共识之上，能够产生经济的流动以及货币。在未来，区块链可能是一个比较重要的方向，更重要的一点，就是在区块链领域里，元宇宙世界的规则和制度并不是和我们今天物理世界一模一样的。比如，一个黑客干了坏事，警察可以上门把他抓走。但在元宇宙，人类把 90% 甚至 99% 的时间花在元宇宙中，怎么才能监测这些人是否有违法犯罪的行为？怎么样才可以查到这些人做了坏事，并把他们从元宇宙中禁掉呢？这就需要一套透明并且自动执行的规则。这件事情特别适合区块链+智能合约来实现，自动执行，并且在公开透明的规则下，把一些坏人处理掉。

第三个是 Massprodcution，即大量的生产值。曾经我认为 5G 是和互联网相关的技术，但是后来发现并不是，而一定是 AI，即人工智能。再厉害的程序员在元宇宙中都需要一个范式转移，虽然你很厉害，但是你在写一些代码、做相关设计的时候，就要把思维变成一个程序员思维。比如，我写个循环，所有的程序都需要人去思考，但是对于人工智能来说，建设元宇宙本身就是天然的事件，自然而然就应该由人工智能做，我们人类对 AI 来说只是做规则上的引导。

在未来，元宇宙是中心化和去中心化世界的一个交汇点，而且今天已经有很多有意思的项目诞生了，比如一个运用最新技术渲染出来的场景（见图 9-2），但我们肉眼并没有办法第一时间识别到底是真是假。图 9-3 是一款偏向于开放世界。偏向于建造元宇宙的一款游戏，叫作 Minecraft。这款游戏是一种小方块的像素风格的游戏，同时又保持着一种开放性，可以让很多创作者在里面去搭建有意思的东西。图 9-4 是通过区块链来驱动的一款游戏，它当中可能会有一些地皮的售卖，也可能会有一些买地、卖地以及去中心化的一些创作，其中有很多有意思的项目在今年被炒得非常火。

图 9-2　渲染场景

图 9-3　沙盒游戏 Minecraft

图 9-4　沙盒游戏

区块链游戏与社会化游戏性

简单来讲，在元宇宙中，代码即"上帝"。曾经，计算机科学家认为代码即法律，今天，我们认为代码即上帝，它在元宇宙中有无限的创造力，有无尽的可能性。最近几年全球貌似再无重大技术的突破，整个世界似乎又陷入了不安的阴影当中，国际政治上的紧张局势加上经济上的动荡，无不暗示我们在逐渐回归到一个存量互割的局面。这个时候我们刚好需要元宇宙这样的新技术把我们人类带到一个新的增量市场中。

区块链游戏至少有一个特性——区块链游戏自带流量。如图9-5是最近在美国特别有名的一款游戏Axie Infinity，有很多人在玩。菲律宾也有很多处于贫困线以下的人在玩这款游戏。游戏当中你可以打小怪物，当打败这些升星的小怪物后可以获得一些SLP，就是里面的Token，从而能够在现实世界中换取食物。在菲律宾，玩这款游戏的这些人常常通过这种方式来维持生计。

图9-5 游戏Axie Infinity

区块链游戏另一个特性是，任何被物理规则所限制的货币经济或者经济体系在区块链世界中会被打通。其实道理非常简单，只要在玩此类游戏的所有人，包括美国人、菲律宾人、中国人、欧洲人等，他们的经济体系是共通的，这在之前传统的游戏中不太可能。比如"魔兽世界"有一服、二服、三服，这些服务时间都不相同，并且魔兽世界的交易深度以及它的游戏深度是没有打通的。现在区块链是一种天然打通的状态，这也是以太坊或者说区块链智能合约的一个非常重要的特性，即在世界的共识上去执行、运行程序。

还有一款由 Gala 团队开发的、最近非常火爆的游戏叫作 TOWM STAR（见图 9-6）。这款游戏的画面非常精致，可玩性也大大提高。我们可以在里面种地、浇水，还可以倒卖汽油和物资，通过这种方式来赚取更多的"星星"。

图 9-6　游戏 TOWN STAR

传统的制作游戏的世界特别内卷，很多团队在里面并不能赚钱，甚至连生存都是问题，这也是大厂垄断所造成的一个局面。在区块链世界中，有很多小伙伴本身已经赚了足够的钱，并且也有游戏的需求，他们觉得可以打通的经济体系以及可以打通的深度对他们来说非常具有吸引力。我举个简单的例子，Axie Infinity 前段时间每天的收入是王者荣耀的 3 倍，即每天收入大概在 3 亿元。但是，它的可玩性等方面其实并不算高，至少和传统游戏相比并不是很高，其具吸引力更多的是因为它有一些经济体系或者涉及经济的创新。

随着像 TOWM STAR 等对区块链游戏理解有深度的团队做出更多的游戏，他们逐渐会给整个游戏市场带来新的增量，更主要一点就是有了一种持续盈利的商业模式。刚开始可能是先卖地，卖一些游戏道具，有点像在 Steam 上看到的一些好游戏需要去做预售一样。当团队拿着这些钱把游戏开发出来，如果真有人在游戏里面消费，去体验，那其实就是一个非常好的自循环模式，因为这节约了非常多的边际成本。

2018 年纯白矩阵刚刚成立的时候，我们做了细胞进化游戏（见图 9-7、图 9-8 和图 9-9），也正是依靠细胞进化游戏，我们获得了三四百万元的奖金，并拿到了第一轮融资。当时我们强调，不能纯粹靠货币经济或靠货币经济去赚钱，我们是想要做一个纯白的区块链游戏，因此我们做了这个叫细胞进化的游戏。我们把整个区块链分成了两层，在区块链之前，我们做了一个沙盒解谜类的游戏。在里面你可以培养自己的细胞，让自己的细胞进行繁殖、变异和增长。然后在这个细胞之上，你需要通过破解一些链前的谜题来培养自己的族群。到了区块链之上就会有无数人、无数细胞汇聚到世界之上。当整个世界的三个基本属性不平衡，这个世界就会毁灭。

几年前我们遇到过一些这样的项目团队，他们和我们在沟通过程中说，哪个来钱快我们去做哪个。但是如果每个人都赚钱，亏钱的是谁呢？其实我们更多应该还是要找到增量市场，让更多的人去

图 9-7　细胞进化游戏截图 1

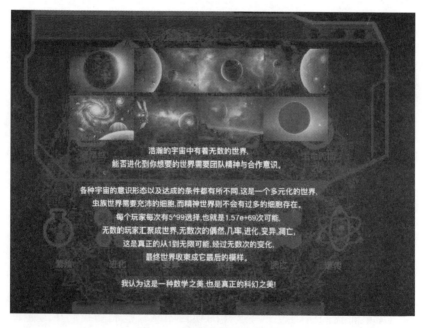

图 9-8　细胞进化游戏截图 2

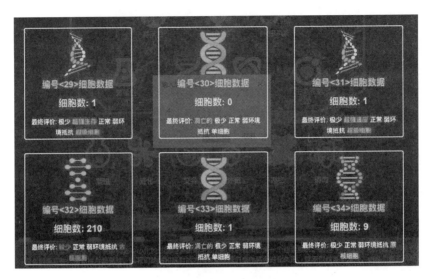

图 9-9　细胞进化游戏截图 3

喜欢这种游戏,在里面能够正常进行消费,才有可能把这个行业真正往前推进。我们看到,像 Compound 之类的 DeFi 项目,其实有自己本质上最底层的比例。像 Uniform 其实大幅降低了交易的门槛,降低了交易的时间。

DeFi 已经探索到它自己的道路,特别是在 TOWN STAR 被做出来之后,会有更多的创业团队继续探索。这和今天很多把游戏跟 DeFi 粗暴地融合在一起的团队不太一样,像 TOWN STAR 这种区块链游戏应该会有更加美好的创意和生命力。

元宇宙与 NFT

大家应该对 NFT 比较感兴趣,我在这里简单介绍一下。在 2017 年年底曾推出了第一款基于以太坊的游戏 Cryptokitties,中文叫作《加密猫》（见图 9-10）。当时这款游戏就产生了非常火爆的效果，甚至堵塞了整个以太坊网络。因为在 Facebook 上可以插入 Cryptokitties，很多人都去收藏这个"小猫咪"。它跟图片唯一不同的就是，背后会有一个 ERC 对应的智能合约。这个猫咪的胡须、眼睛、毛发，都对应着智能合约里面的一串代码。你可以用猫去吸引小猫，也可以让猫去买卖等，相当于养一只电子宠物。

图 9-10　游戏 Cryptokitties

对于金融类的 NFT，大家都知道 Uniswap V3⊖。在 Uniswap V3 的过程中其实是可以铸造 NFT。Uniswap 是一个去中心化或者是叫作自动做市商的交易平台。在这个交易平台上，你如果能够为它提供流动性，就可以在里面赚取中间抽成。刚开始给 Uniswap 提供流动性

⊖ Uniswap V3，更注重资本效率的最大化。它不仅可以让 LP 赚取更高的资本回报，而且还大幅提高了交易执行力，可以与中心化交易所和专注于稳定币的 AMM 相媲美，甚至超过它们。

的话，可能要花2 000美元，但是有一些人想要拿到这种绝版的NFT就会给DeFi项目提供一个能够启动的渠道。

We reconstruct the world with code，即我们用代码重构世界。我们认为整个NFT市场会向消费品和艺术品两个市场做一些转化。如果从大的方向上理解，比如说区块链领域中很多小伙伴赚了钱，他们对于传统的一些艺术品可能不一定喜欢，如果让他们去买蒙娜丽莎、向日葵这些传统经典艺术品可能会有点儿难度，因为如果讲得更激进一点，其实这些艺术品也是在归零的过程中。

当今的我们可能会喜欢诸如以太坊的黑客精神、加密朋克或者赛博朋克之类的作品。恰恰有一些加密艺术家们在区块链上创造这些作品，也很对我们的胃口。如果你要消费，那么在消费过程中其实也捧红了一些作品。

讲到消费品，我们可以想到，也许在游戏中，做一些跟NFT相关的事情，可以有一个更好的经济效益和产出。比如，有一些像DOTA2里面的这种NFT配置，可以给不同英雄配上，或者是有一两个英雄可以在不同的游戏中玩，背后的基础就是区块链共识。哪怕是把一两个英雄做成这种NFT的藏品，估计也会有很多的小伙伴感兴趣。

如果是王者荣耀或者DOTA2的某场直播比赛，比如说中国队赢得了比赛，我们非常高兴。游戏过程中一个精彩的团战，比如说一次四杀或者五杀的镜头，我除了现场看之外，还可以把它铸成一个NFT让大家直接点击购买。在这个过程中我认为会有很多人去买。因为之前你能干的事情就是刷点鲜花、刷点礼物，如果它的价格刚好是消费品质的，比如说有一个198元或者是88元或者18元钱的几万份限定版，对于很多粉丝来说，收藏自己喜欢的战队获得胜利的精彩片段，是很愿意去购买的。

未来的元宇宙

我认为最早出现的应该是功能性元宇宙（Function Metaverse），它里面包括了教育、医疗、金融，更多是以功能为导向出现的。比如说在医疗行业，我们需要去治疗一些患有自闭症、狂躁症或是注意力不集中的儿童时，可以在不同的元宇宙场景里对他进行引导和环境的渲染，进行一些关卡训练等。另外，像工业领域一些高危的或者是操作一定不能出错的岗位，在岗前培训时用元宇宙或者是用数字化去做也非常好。

当然游戏也是非常大而且非常重要的一部分。夸张地说，我们人类从猿开始的时候就会玩游戏。未来的元宇宙中可能会有新的文明、新的组织，以及新的体验，甚至元宇宙中的人可能有更多的思考空间。

还有一种就是源于社会公益知识这一部分。前段时间香港中文大学（深圳）和我们纯白矩阵成立了一个元宇宙联合实验室。我们在 CCF-A[①]召开的会议上发表了元宇宙的论文。我把我认为比较有意思的几个方向做一些阐述。其中一个就是治理，我们其实基于 LBS，即基于 Location Based Service 做了一些强化。比如说学生如果到图书馆里面不玩手机，到时候就会给他一些奖励积分或者 Token Base 类似的东西。目的就是让他在图书馆里好好读书，不要去玩手机。比

[①] 它是中国计算机学会推荐国际学术期刊（计算机系统与高性能计算）的 A 类刊。

如说每天要有一定去篮球场或者体育场的时间，如果你一天都宅在宿舍里面，你的挖矿就会停止。这些对于学生来说都是一种很好的引导作用。

元宇宙里面我们看到的整个原型是可以编程的，是个开源框架，未来也可以这样去做。很多大学可以利用元宇宙框架形成一种社会治理，通过元宇宙的方式更好地给学生一些引导，同时也更好地对大学的管理进行数字化的转型升级。其实这也是元宇宙的一个社会实践。

所有过往，皆为序章。我们会发现原来元宇宙是一个所有计算机科学家的终极幻想，不管我们是通过区块链游戏这个领域往前走，还是通过 AR、VR 的这个领域往下走。整个元宇宙是能够承载我们所有计算机科学家终极幻想的地方，而且我们也相信整个元宇宙当中会诞生我们这个世界最大的机会，期待和大家在元宇宙中相见。

互动问答

1. 提问：众多国内外的传统互联网巨头纷纷关注元宇宙，他们是在蹭热度、赚眼球，还是针对业务布局结合，能不能举两家做例子？

   回答：

   脸书（Facebook）前段时间就针对元宇宙专门成立了事业部，腾讯也在大举投资游戏。我觉得它们并不是说蹭热度，主要是看到了其中的潜力。元宇宙会让我们人类有更优化的一种生产方式，以及更丰富的生产要素和高效的生产模式。近期由于新冠肺炎疫情的影响，我们会发现元宇宙的进程大大加快。人类突然发现，我们需要更快速地跟人沟通、跟人交流，需要一个更沉浸式的生产工作方式和写作方式。

2. 提问：DeFi 或者 NFT 跟之前最大的不同是什么？

回答：

整个区块链世界的周期性非常明显，有低谷有高潮。但是，在每一波泡沫过后，会有一些东西留下来，并逐渐能够成为坚实的底层基础设施。比如，DeFi 领域 Compound 这些真正的去中心化金融，能够带来更高的效率、更好的生产方式和交易模式。

华尔街人都在疯狂地去买 DeFi 产品，因为他们发现 DeFi 产品比现实中的理财香太多了。不知道有没有银行的小伙伴，其实银行的边际成本已经变得非常高，但这些边际成本其实在区块链中都被节省了。在这个周期性的过程中，我们会发现有些东西是能够真正沉淀下来的，包括游戏。Facebook、腾讯这些传统的游戏巨头很多也在转型，这其实是一个竞争的关系。在这个过程中千万不要以为只有我们区块链公司在做元宇宙，其实它们做得会更好，它们进入该行业，降维打击会更大，在这个过程中一旦有了市场竞争的压力，就会有更多的创意、更多的市场诞生。

3. 提问：最近国内关于区块链行业有很多政策，NFT 能找到一条合规的道路吗？

回答：

我觉得很有可能，而且我觉得 NFT 已经算是比较合规的，做消费的 NFT 其实是没有问题的，包括腾讯、阿里都在做。元宇宙也是一样的，特别是我刚刚说的功能性宇宙，我相信很快甚至已经进入到我们业界了。在这个过程中我觉得没有什么问题，将来会有合规道路的。

4. 提问：现在已经有很多传统游戏公司进入，它们的进入会对区块链的技术有什么影响？

回答：

这些传统游戏公司对游戏有很深的理解，它们的进入降维打击是非常厉害的。有一些游戏公司其实只对游戏有理解，对区块链没有理解，在市场中不一定能募集到资金，也不一定能把项目做成。因为和 NFT 一样，你要和区块链世界中赚到钱的大户去解释清楚你的价格、你的价值，那传统的游戏公司可能不一定有这样的能力。当然，也可能会有一些区块链的公司跟它们合作，来把这个事情做得更好。因为区块链其实可以把不同的游戏、不同的道具打通，在这个过程中把无数的游戏串联在一起。

以太坊就是一种元宇宙。以太坊已经成为了一个数据接入、数据监管的公共通道和入口。在这个过程中，从计算机科学角度来说，它并不是两两之间的游戏打通。当今的区块链不管慢快，都是一条在世界共识上可以去进行编译的程序。

5. 提问：我们会不会就是生活在元宇宙中的人？

回答：

我不清楚，但是最近好像越来越多的一些小伙伴向往元宇宙。其实我觉得，向元宇宙中走，也是探索我们从哪里来、到哪里去的一种方式。

6. 提问：能否推荐一款游戏，让更多人参与体验一下这个领域？

TOWN STAR 这款游戏不用花钱，大家可以体验一下。这款游戏其实就做得非常好，在里面你可以造房子，甚至可以在世界地图上选一块自己的地方自由发展，然后赚小星星。还有一些硬核的大家不一定能玩得来，比如 Dark Force 之类的游戏，可能要自己写脚本。

7. 提问：想学习区块链底层技术，有什么推荐的吗？

回答：

巴比特就有自己的技术课程，和我们也是有合作的。你想要真正去写代码，那就踏踏实实一步步去做，说实话没有什么捷径可言。虽然其中的一些所思所想我们可以快速教给大家，但想要真正从技术领域一步一步往前走，还需要一个漫长的过程。我们是有初级课、中级课和高级课的，一步步教大家去写代码。但是如果你更多地专注于底层技术的话，那还是比较复杂的。其实，今天纯粹做底层的话，需要有一定计算机的背景，需要有很深的技术沉淀。

8. 提问：如果把实物的合同权益移植到链上做成 NFT 以提升流动性，增加场外交易，这个合法吗？

回答：

这个问题我解释过，大家思路要放宽一点，其实就像你把名画蒙娜丽莎放到区块链的世界中，大家不会去买。真正在区块链世界中有话语权或者在区块链探索的一些小伙伴，他们并不喜欢现实版的蒙娜丽莎，他们要的就是区块链原始的一些东西。在这个过程中，如果他们不是你的买方，那谁还会是你的买方呢。如果你们的买方是传统的客户，那他为什么不直接用合同买。合不合法这个事情可能要去问律师，我更多的是从市场层面去考虑这个问题。

9. 提问：普通人怎么趁这一波赚钱？

回答：

我觉得还是多了解吧，区块链现在还是有挺多红利期的。今天在区块链上赚钱的人，并不是说他比你更聪明，而是他知道这件事情，你却不知道，你们有信息差。